古代歷史文化 研究輯刊

五 編

王 明 蓀 主編

第 4 冊

試論西漢京畿地區的警備制度

謝 昆 恭 著

國家圖書館出版品預行編目資料

試論西漢京畿地區的警備制度／謝昆恭 著 — 初版 — 新北市：
花木蘭文化出版社，2011〔民 100〕
目 4+162 面；19×26 公分
（古代歷史文化研究輯刊 五編：第 4 冊）
ISBN：978-986-254-418-1（精裝）
1. 西漢史　2. 警政
618　　　　　　　　　　　　　　　　　100000574

ISBN-978-986-254-418-1

9 789862 544181

古代歷史文化研究輯刊
五 編 第四冊　　　　　ISBN：978-986-254-418-1

試論西漢京畿地區的警備制度

作　　　者　謝昆恭
主　　　編　王明蓀
總 編 輯　杜潔祥
印　　　刷　普羅文化出版廣告事業
出　　　版　花木蘭文化出版社
發 行 所　花木蘭文化出版社
發 行 人　高小娟
聯 絡 地 址　新北市永和區中正路五九五號七樓之三
　　　　　　　電話：02-2923-1455／傳真：02-2923-1452
電 子 信 箱　sut81518@gmail.com
初　　　版　2011 年 3 月
定　　　價　五編 32 冊（精裝）新台幣 56,000 元

試論西漢京畿地區的警備制度

謝昆恭　著

作者簡介

謝昆恭（1958～），台灣彰化人。國立台灣大學歷史研究所博士。曾任大葉大學通識教育中心專任講師、副教授，現職大葉大學造形藝術學系專任副教授兼彰化縣老人大學書法班指導老師。曾獲雙溪文學獎、全國學生文學獎、國軍文藝金像獎、彰化縣磺溪文學獎、台中縣文學獎等現代文學獎項 10 餘次；國科會著作成果獎助、教育部優良教師等獎項。著有《先秦知識分子的歷史述論》，詩集《走過冷冷的世紀》、《那一夜，我們相遇》、散文集《碉堡手記》。

提　要

西漢京畿警備以京城為核心，含主要機構：執金吾（中衛）、城門暨中壘以下諸（八）校衛、衛尉、光祿勳（郎中令）與分屬部門：少府、詹事（太子家）。

以時間言，武帝時期對整個制度進行實質上的擴編，影響當時與後代最大。

以空間論，由外而內可分為畿衛、城衛、宮衛、殿衛。

以職責別，畿衛屬執金吾，負責京畿範圍；城衛屬城門以及中壘以外的諸校衛；宮衛屬衛尉，主長安城內諸宮殿、城外部分宮殿的宮門屯衛；殿衛屬郎中令，掌長安城內諸宮的殿門警備。另有內宮的部分警備分枝，屬少府系統，而皇太子家亦自有警備系統。

組織上，層級健全，分署理事，內外分明，層層設防，各主其事，各領其衛，形成完備的警衛網。

人事上，長官廢立遷轉直承天子，行政權上，個別官署擁有個自的權力，不相統屬。論其任務，有常制性的執掌，也有臨時性的委派。

各機構成員，主要來自常態性兵制中的正卒，間有體制外者，如降附、簡選、徵調。

在與皇權體系的親密性上，以光祿勳最為明顯。

本文另附與警備制度密切相關的表格十一個，以利檢索。

目

次

緒　言

　　中國歷史至秦統一六國後即進入帝制時代，此後二千年相沿未改。〔註1〕
帝制時代的政體為皇朝體制，關於這方面的研究，論述已多，至於維持此皇
朝體制核心——皇室——安危的警備制度，卻較少論及，本文即試圖對宿衛
警備皇室所在的京畿警備制度作一試探；至於本文所謂京畿，其範圍為三輔
地區。

　　兩漢由於都城所在不同，區域劃分有別，雖然制度多有相沿襲者，但作
為研究的命題卻不得不考慮其間的分界，此何以僅涉及西漢而不論東漢的主
要原因。既言京畿，則一般郡、國無涉，而探究上則以負責京畿安全的諸警
備機構為對象，不涉及其它。

　　西漢負責京畿警備的機構可分為主要機構與分屬部門，前者包括執金吾
（中尉）、城門暨中壘以下八校尉、衛尉、光祿勳（郎中令）；〔註2〕後者則有
少府、詹事（太子家）。這些機構的權責，或全權或分權各理京畿警備，與皇
室安危息息相關。

　　在行文方面，先陳述警備宿衛制度的來源及其特色，除了作為研究上的
背景資料之外，更希望能從其中進一步瞭解這些皇朝政治中的警備機構設立
的特質，或許稍稍有助於瞭解專制皇朝的私臣性格。〔註3〕

〔註1〕此處所言相沿未改，僅就政治體制而言，不涉及其它。
〔註2〕光祿勳所領屬官中諸大夫、議郎雖不在警備宿衛之列，但其員數甚少。光祿
　　　勳的主要成員——郎官，負責殿衛，且為數龐大，因此將之列於主要機構。
〔註3〕錢賓四先生謂：西漢九卿，「論其性質，均近於為王室之家務官，乃皇帝之私
　　　臣。」見氏著《國史大綱》上冊 P.123。

其次就各警備機構的組織與職權作一比較具體的探究，唯因資料有限，因此不敢奢求全面性的呈現。在機構次序上採由外而內，亦即自畿衛（執金吾）而城衛（城門校尉暨中壘以下八校尉）而宮衛（衛尉）而殿衛（光祿勳），並將部份分職的警備機構置於附論（少府、詹事），希望透過探究，得以對這些警備機構有更明晰的認識。另者有關這些警備機構長官的人事升遷及與政權核心——君主——的親密性，因資料極其有限，不足成章，因此僅附於文後，當作參考。

關於西漢警備宿衛制度，甚少有人論及，即使有也只是泛論，因此在撰述的參考上非常缺乏。在史料方面，也是極為分散，因此在蒐集、排比、歸納整理方面更是曠日費時，縱使如此，凡有關者即使片語隻字亦有參究的價值。另者，由於漢史資料基本上甚穩定，且經過歷代學人考究，歧義較少，這給予撰者極大的方便；雖然如此，凡是稍有牴牾者，只要個人能力所及，亦必加以論證，此即何以有部份註文甚長的原因，攸關文章的整體性，因此有必要加以說明。其次，也因為漢代資料比較穩定，在出土資料沒有進一步補充之下，撰者參閱的以《史記》兩《漢書》以及現存的《漢官六種》為主。至於文集，兩漢文集論及警備情形的甚少，然若可參考亦加以援引。至於通論性的典籍，如《資治通鑑》、《通典》；類書如《太平御覽》等只作參考而不加援引，因上述諸書率多採自《史記》、兩《漢書》，撰者以為最好的瞭解方法就是從《史記》、兩《漢書》入手，此何以全文不見援引上述諸書之因。關於史記及兩漢書，撰者採用《史記會注考證》及《漢書補注》、《後漢書集解》，雖然閱讀上平添些許困難，然而所獲得的啟示，恐非閱讀標點本所能比肩。

復須說明的是關於本文撰論的方法，由於制度史是已存的事實，不若思想史、社會經濟史可以多加以價值判斷，因此本文儘可能不涉及價值層面；僅僅是藉由對該制度的研究，以復其原貌之萬一，此亦即本文撰論的主要目的。

最後，由於囿於個人才力，掛一漏萬，魯魚亥豕之處比比皆是，尚祈諸方家不吝斧正，是後學榮幸之至。

第一章　制度的沿革及其特色

一、西漢各警備機構的形成沿革與演變

(一) 秦及漢初 (武帝之前)

《漢書》卷十九上〈百官公卿表〉，對於漢代所傳承之官制有概論性的敘述：

> 夏、殷亡聞焉，《周官》則備矣。……自周衰，官失而百職亂。戰國並爭，各變異。秦兼天下，建皇帝之號，立百官之職。漢因循而不革，明簡易，隨時宜也。(19上/299a)

周官體制，以現存《周官》〔註1〕一書觀之，殊爲完備。關於其成書年代，一般咸信它是戰國時代的著作，因此是否周代官制即已如此完備，自屬可疑。史家認爲《周官》乃儒家政治理想下的產物，因此不能遽論其所記載者乃周代的官制。然可確信者，既爲戰國時代的著作，則對於其後的秦、漢自會產生影響。因此，班固在〈百官表〉中的序言，實際上即說明了官制承傳的關係。

官制的成立，乃爲治理之便，因此分事設官自有依憑，所謂「各有徒屬職分，用於百事」，〔註2〕適可說明設官的初衷。官制既爲分事設官，其中警

〔註1〕 據《史記》卷四〈周本紀〉，周公東伐淮夷歸豐後作《周官》。《集解》引孔安國曰：「言周家設官分職，用人之法。」(4/74a) 然據後人迻加考證，《周官》爲晚出於戰國之書。(見徐復觀先生，《周官成立之時代及其思想性格》)
〔註2〕 《漢書》卷十九上〈百官公卿表〉(19上/299a)

備一職，負責治安大任，是以向來即是重要機構，尤其是負責政權中樞的警備更屬重要，此在帝制中國歷代皆然。

《漢書·百官表》中與京畿警備有關的計有：郎中令（光祿勳）、衛尉、中尉（執金吾）、少府、城門校尉、中壘、屯騎、步兵、越騎、長水、胡騎、射聲、虎賁諸校尉。此外尚有負責太子警備的詹事（太子率更、中盾、衛率）。此中有主要機構，有分屬部門，可稱得上繁複周密。其中除三輔都尉、城門校尉及中壘以下八校尉爲武帝所設置外，其餘皆爲承襲秦朝舊制；故〈百官表〉皆書秦官，然而以秦享國之短，似不大可能有如此完備的官制。然則《漢書·百官表》逐書秦官，此當就秦時已有的職官記述之，其中沿革則未加以說明；或係僅就已定的職官而書之，此何以但書秦官、周官、古官而不言初置與沿革之因。此外，尚有可能者乃無從考證，書闕有間使然。

關於警備宿衛之制，起源甚早，所謂「營衛」者，當可視爲早期的警備。其見於史文之最早記載在《史記》卷一〈五帝本紀〉：

> 黃帝敗蚩尤後……遷徙往來無常處，以師兵爲營衛。〔註3〕

上古無宮室之治，且黃帝尚無定居之處，因此所到之處即以軍隊紮營以爲宿衛警備；此係以隨征的軍隊負責警備，不再另設宿衛士卒，與後世責成個別機構以負特定任務者異。

《史記》這條資料所記述時間在黃帝敗蚩尤之後，其時天下尚未平定。《史記》卷一〈五帝本紀〉又謂：

> 諸侯咸尊軒轅爲天子，代神農氏，是爲黃帝。天下有不順者，黃帝
> 從而征之，披山通道，未嘗寧居。

可知黃帝雖受尊爲天子，然尚四出征討「不順者」，是以居無定所，且未見專職的宿衛警備機構。

黃帝以下迄於堯舜，所居皆爲土屋茅茨，所謂「堂高三尺，采椽不斲，茅茨不翦」是。〔註4〕正是憂天下尚且不遑，何暇治宮室；即使所都之邑亦未見史文記載任何固定的宿衛警備機構。然而警備又不能無有，因此個人臆測其時之警備亦當以一般師兵爲之。三代之後，國家型態形成，〔註5〕政事亦日

〔註3〕《史記》卷一〈五帝本紀〉（1/25b）。
〔註4〕《史記》卷八十七〈李斯列傳〉（87/1040b）。
〔註5〕見張光直先生，〈從夏商周三代考古論三代關係與中國古代國家的形成〉。收錄於杜正勝編《中國上古史論文選集》卷上 P.289。

趨繁雜，分職的要求乃屬必然。《史記》載五服之制於〈夏本紀〉，實有其因；其中綏服二百里「奮武衛」，《集解》引孔安國謂：「文教之外二百里奮武衛，天子所以安。」〔註6〕此處所謂「武衛」除征伐叛反，抵禦外侵之外，尚須維護共主的安危，亦即負警備之職。

警備之制，至周武王滅商後，有較具體的記載。史載武王代商之次日，即在護衛保護下進入紂宮。《史記》卷四〈周本紀〉：

> （武王既滅商）其明日，除道脩社，及商紂宮。及期，百夫荷罕旗以先驅。武王弟叔振鐸奉陣常車，周公旦把大鉞，畢公把小鉞以夾武王。散宜生、太顛、閎夭皆執劍以衛武王。〔註7〕

百夫荷罕旗先驅，其儀仗甚盛，此係示威武之意。武王弟叔振鐸奉陣常車，當係奉車前導，至於周公把大鉞，畢公（《史記》卷三十三〈魯周公世家〉作召公，33/565b）把小鉞以夾武王，則係示武衛之意。天子賜臣下弓矢斧鉞，使臣下得有征伐之權，又有奮武揚威之意。〔註8〕上述史文尤可注意者為散宜生、太顛、閎夭執劍以衛武王。按秦漢後的規制，執戟宿衛為常制，未見有執劍宿衛者；散宜生三人執劍衛武王當係秦、漢前的情形。《史記》卷五〈秦本紀〉載秦簡公六年「令吏初帶劍。」〈正義〉謂：「春秋官吏各得帶劍。」〔註9〕觀吳公子季札為徐君掛劍一事，可知春秋時官吏確然帶劍，而春秋去商、周不遠，故散宜生諸人帶劍顯係古制。其次，散宜生諸人在文王初立為西伯時往依之，為周的元老舊臣，故其身帶劍亦不足為奇，以所佩帶的武器護衛武王，此亦屬當然。〔註10〕

史文對於宿衛警備的記載自〈周本紀〉後較少見，然據《戰國策》與《韓非子》二書則迭有所見，且其所載似已成制度化的官署。《戰國策‧韓策》第三

〔註6〕《史記》卷二〈夏本紀〉（2/49a）。

〔註7〕《史記》卷四〈周本紀〉（4/70b～71a）。另見《史記》卷三十三〈魯周公世家〉（33/565b）。

〔註8〕《史記》卷三〈殷本紀〉，西伯獻洛西之地，請除炮格之刑，紂王許之，「賜弓矢斧鉞，使得征伐。」（3/61a）《史記‧周本紀》所載同（4/67a）此為征伐之權。《史記》卷卅二〈齊太公世家〉：「文王崩，武王即位。九年，欲修文王業，東伐以觀諸侯集否。師行，師尚父左杖黃鉞，右把白旄以誓，曰：『蒼兕蒼兕，總爾眾庶，與爾舟楫，後至者斬。』（32/550b）此為奮武揚威之意。

〔註9〕《史記》卷五〈秦本紀〉（5/100b）。

〔註10〕據楊寬，《增訂本戰國史》謂，至戰國時「由矛和戈相結合的戟很流行，可以兼起刺和鉤的作用。」（P333）則戟既已流行，且兼有矛、戈的刺鉤作用，故其後宿衛執戟乃取代原先的執劍。

載段產謂新成君曰：「今臣處郎中。」，〔註11〕〈楚策〉第四：「君先仕臣爲郎中。」〔註12〕此事《史記》卷七十八〈春申君列傳〉作朱英謂春申君曰：「君置臣郎中。」（78/971a）〈趙策〉第三：「魏牟曰：『王有此尺帛，何不令郎中以爲冠？』王曰：『郎中不知爲冠。』」〔註13〕〈趙策〉四：「春平侯者，趙王之所愛也，而郎中甚妒之。」〔註14〕凡此郎中皆係居於郎門之內以爲宿衛之官。〔註15〕另《韓非子・外儲說》右上晉文公對狐偃謂：「吾民之有喪者，寡人親使郎中視事。」〈說疑〉：「使郎中日聞道於郎門之外。」〔註16〕此郎中顯係指官名。是春秋時已有郎名，這些郎或已負警備之責，而所謂「郎門之內」、「郎門之外」則似乎已有官署之設，且至戰國時列國似已大都有此機構的設置；而迨至秦併天下後，再作了系統化的整理，遂成爲《漢書・百官表》上完備的「秦官」。〔註17〕

中國歷史至秦統一天下後，進入了皇朝時期，〔註18〕政治格局亦進入一個新階段；由共主而皇帝，君主權威亦隨著新時代而有了新的面貌，皇權較諸共主之權具有絕對且最終的威勢，〔註19〕相應於此則爲政權樞機所在的京畿地區，其警備的重要性於是益加突顯出來。而代表皇權至高無上的君主，其對於自身的安全更是考慮周詳，而最有效的方法就是透過對皇權周密的保護，以杜絕一切直接、間接對皇權可能動搖的威脅。《史記》卷六〈秦始皇本紀〉記始皇接納方士盧生之意見，謂欲招致眞人，須隱密行止：

> 盧生説始皇曰：「……人主所居而人臣知之，則害於神……願上所居宮，毋令人知，然後不死之藥殆可得也。」於是始皇……乃令咸陽

〔註11〕見《戰國策》卷二十八〈韓策〉三，P.1035。

〔註12〕見戰國策卷十七〈楚策〉四，P.579。

〔註13〕見戰國策卷二十〈趙策〉三，P.715。卷二十一〈趙策〉四，P.767。

〔註14〕同註13。

〔註15〕見嚴耕望先生，〈秦漢郎吏制度考〉。《中央研究院歷史語言研究所（以下簡稱史語所）集刊》第二十三本，P.90～99。

〔註16〕《韓非子》卷十三〈外儲說〉右上 P.751。卷十七〈說疑〉P.915。

〔註17〕秦之禮儀爲采擇六國之制而來的，見《史記》卷二十三〈禮書〉：「至秦有天下，悉內六國禮儀，采擇其善，雖不合聖制，其尊君抑臣，朝廷濟濟，依古以來。」（23/423a）

〔註18〕此僅就制度史的觀點加以區分。皇朝時期的起迄爲秦、漢至清代，其間改朝換代雖十數，但政治制度基本相同，最大的特點是有皇帝，皇帝擁有國家大事的最後決策權；行郡縣制，社會階級不分明，此期間可稱爲「皇朝時期」。（見廖伯源師，〈西漢皇宮宿衛警備雜考〉（注一）收錄於《東吳文史學報》第五號 P.9）

〔註19〕參見余英時，〈君尊臣卑下的君權與相權〉《歷史與思想》P.50。

之旁二百里內，宮觀二百七十，復道甬道相連，帷帳鐘鼓美人充之，各案署不移徙，行所幸，有言其處者罪死。(6/124b)

案始皇於二十九年東巡至陽武博浪沙時，即遇人以椎擊其車駕，時因誤中副車使始皇倖免於難。〈索隱〉引《漢官儀》謂：「天子屬車三十六乘，屬車即副車。」〔註 20〕此始皇於統一天下後出巡時即非常重視安全問題，因此雖然明知皇帝車駕巡幸至何處，卻無法確定所乘御的是何車。這次意外事件，使始皇更加重視安全問題，因此當盧生謂招致神仙需隱藏行止時，始皇立即接納建議，並定下重規，有敢說出行止者罪至死。此所以當始皇幸梁山宮，自山上見丞相車騎過多而有不悅的微詞，其後丞相車騎即明顯的減少，始皇知道必近旁之人將其不悅轉知丞相，於是按問當時近侍諸人，然諸人卻無有承認者，始皇索性詔捕諸在旁者，悉數殺滅。從此之後，對於始皇行止，諸近侍之人噤若寒蟬，而始皇的行止也成了絕對的隱密。(《史記》6/124b,125a) 秦始皇這種爲維護行止安全所採取的高壓手段，的確收到了預期的效果；因爲只有先確保性命的安全，才能談長生，談一世、二世及至萬世。由此又可見出，專制皇權經由隔絕而達到行蹤的隱密，以確保安全的目的。

秦始皇死後，二世即位，並於次年四月復作阿房宮，除徵天下之人至京傜役外，並且「盡徵其材士五萬人，爲屯衛咸陽、令教射。」〔註 21〕這徵自天下的材官蹶張之士，顯係臨時召集的，其言「屯衛咸陽」，實則京師本有郎中令、衛尉、中尉諸警備機構負責治安；此臨徵之五萬衛士除了參與治安之責，當也是爲了防止從事傜役之人的叛逃。至於原來的警備機構，其實際情形雖不能確知，然從趙高使人刺殺二世一事上，仍可見出其防衛之嚴密。《史記》卷六〈秦始皇本紀附二世紀〉:

(二世二年) 沛公將數萬人，已屠武關，使人私於 (趙) 高。高恐二世怒，誅及其身，乃謝病不朝見。二世夢白虎齧其左驂馬殺之，心不樂。……使使責讓高以盜賊事。高懼，乃陰與其壻咸陽令閻樂，其弟趙成謀。……使郎中令爲內應。詐爲有大賊，令樂召吏卒追。劫樂母置高舍。遣樂，將吏卒千餘人至望夷宮 (時二世居此宮) 殿門。縛衛令僕射曰:「賊入此，何不止。」衛令曰:「周廬設卒甚謹，

〔註 20〕《史記》卷五十五〈留侯世家〉(55/803b～804a)。

〔註 21〕《史記》卷六〈秦始皇本紀〉(6/129b)，另見《史記》卷八十七〈李斯傳〉(87/1042b)。

安得賊敢入宮。」樂遂斬衛令，直將吏入，行射。郎、宦者大驚，
或走或格。格者輒死。死者數十人。郎中令與樂俱入射上幄坐幃……
麾其兵進，二世自殺。（6/131b）

閻樂所殺數十人乃殿門內負責郎署警備的郎官、宦者。而先前所斬殺的衛令，
所負責的是一處宮門的警備，屬於衛尉警備系統的一支，換言之，尚有大部
分的警備分職機構並不在此次政變中。至於郎署的郎官，亦當只是宿衛郎官
的一小部分；而宦者，據《漢書・百官表》所載，屬少府八官署之一，〔註22〕
居於內層宮殿，因此當事變發生時，亦身當其衝。

綜觀上面《史記》所述，閻樂與郎中令所遭遇到的只是警備宮殿武力中
的極少數，且從被縛的衛令反駁閻樂的話中，可以知道宮殿周圍所敷設的警
備兵卒必不少，而其亦有極為嚴謹之例行巡視。另者，趙高所發動的這次政
變，事屬倉促，且地點只在望夷宮中，並未波及宮外，是以未驚動整個京城，
因此不見其它的警備機構捲入其中的記載。

歷史上的秦朝雖因漢代興起而滅亡，然而其所整編的宿衛警備機構並不
隨王朝滅亡而消失，此乃因制度的形成須時費日，不易遽然消失；且後繼者
往往躍接前朝制度，此或因客觀的時代因素而不及加以調整；或因主觀條件
上符合法理所須而不必加以變革，亦即制度本身足以應付事實須要。職是之
故，自無必要再予以變動，此即西漢初期制度未加以更改之因。

秦自二世遭弒，陳勝、吳廣起事，至漢高祖劉邦於西元前二○六年統一天
下，「五年之間，號令三嬗，自生民以來，未始有受命若斯之亟也。」〔註23〕
在此混亂時代中，制度自無可能變異。其後劉邦雖定天下且立為皇帝，然其
時群臣與之共飲，並無君臣之禮；諸從龍大臣，甚至於酒酣時拔劍擊柱，讓
「不脩文學」且善於「嫚侮人」的劉邦看了也不免怏怏，於是乃有叔孫通為
制朝儀。所謂朝儀，據叔孫通自謂乃「采古禮與秦儀雜就之。」〔註24〕所謂
古禮，在當時即被魯生批評為「不合古」，此事大致不會有錯。至於秦儀，因
為叔孫通曾為秦廷博士，掌顧問應對，對於秦儀當不陌生，因此其所據的秦
儀應是秦時已普遍施行的儀制。〔註25〕故《史記》卷二十三〈禮書〉記載其

〔註22〕《漢書》卷十九上〈百官表〉少府條（19上/305b）。
〔註23〕《史記》卷十六〈秦楚之際月表〉（16/307b）。
〔註24〕《漢書》卷四十三〈叔孫通傳〉（43/1032a）。
〔註25〕據《漢書》卷四十三〈叔孫通傳〉，高祖於定陶即帝位後「悉去秦儀」，是
　　　秦儀未廢，唯為高祖所悉去，故從龍諸臣無所知其儀（43/1032a）。另據《史

事謂：「叔孫通頗有所減損，大抵皆襲秦故。自天子稱號，下至佐僚及宮室官名，少所變改。」（23/423a）關於叔孫通爲高祖所制之朝儀，《史記》卷九十九〈叔孫通傳〉有詳盡記載：

> 通……與其弟子百餘人，爲緜蕞野外，習之月餘。叔孫通曰：「上可試觀。」上既觀，使行禮曰：「吾能爲此。」迺令群臣習肄，會十月。漢七年，長樂宮成，諸侯群臣皆朝十月。儀：先平明，謁者治禮，引以次入殿門。廷中，陳車騎、步卒衛官（宮），設兵張旗志。殿下，郎中俠陛。陛數百人。功臣列侯、諸將軍軍吏，以次陳西方東鄉。文官丞相以下，陳東方西鄉。大行設九賓臚傳。於是皇帝輦出房。百官執職（幟）傳警。引諸侯王以下至吏六百石，以次奉賀。自諸侯王以下，莫不振恐肅敬。至禮畢，復置酒法。諸侍坐殿上，皆伏抑首，以尊卑次起，上壽。觴九行，謁者言罷酒。御史執法，舉不如儀者，輒引去。竟朝置酒，無敢讙譁失禮者。於是高帝曰：「吾迺今日知爲皇帝之貴也。」迺拜叔孫通爲太（奉）常。（99/115ab）

叔孫通爲漢廷制朝儀，讓高祖「知爲皇帝之貴」，其因在於群臣一改昔日的讙譁拔扈狂態，使君臣尊卑有明顯的分野。而廷中所陳列的警備陣勢更是森嚴，且依秦法，群臣上殿不准帶劍，[註26] 因此雖是身有百戰勳功的將軍亦須解兵上殿，除所立方位與服制不同於文官之外，別無差異。試想這班常年轉戰疆場的武將，幾時見過這種排場與法規，一旦舉動稍不如儀，即被引出殿外，此豈非明示一旦干犯儀制，不問何人皆須受裁，身爲從龍功臣，自是人人引以爲戒。

　　漢高祖至臨崩之前，天下始平定。而惠帝在位雖有七年，然其於即位次年知曉呂后殘賊戚夫人，使之成爲人彘後，即不親理國政，從此政由呂后。故自惠帝二年至呂后八年（西元前193～180年），十四年間皆由呂后掌政（《史記》但有〈高后本紀〉而不著〈惠帝本紀〉）。呂后在位直到文帝時，先前的功臣集團雖漸老去，然尚未全凋，[註27] 而此一集團又多出於一般低下階層；

　　記》卷九十九〈叔孫通傳〉，則謂「高帝悉去秦苛儀」（99/1114a），則高帝所去者唯苛儀，若如朝儀當不能算是苛儀。職是之故，高祖所見之秦儀或未及朝儀。

〔註26〕秦始皇於荊軻之事前，即已嚴禁吏士帶劍上殿，此制爲漢所承，觀《史記》卷五十三〈蕭何傳〉高祖賜蕭何「帶劍履上殿」可知。

〔註27〕見廖伯源師，〈試論漢初功臣列侯及昭宣以後諸將軍之政治地位〉上篇，一、

其中武使復又不少，對於上陣殺敵固爲所長，若文事制度，則才有未逮，因此呂后期間制度並沒有加以更異。文帝即位，離天下初定已二十餘年，賈誼曾提出改制之建議。《史記》卷八十四〈賈生傳〉：

> （賈誼……文帝初立，因河南守吳公薦）拜以爲博士。……超遷。
> 二歲中至太中大夫。賈生以爲漢興至孝文二十餘年，天下和洽。而
> 固當改正朔、易服色、法制度（作法度）、定官名、興禮樂。乃悉草
> 具其事儀法，色尚黃，數用五，爲官名，悉更秦之法。

賈誼持以改制之說詞乃其時「天下和洽」，外在環境已不同呂后之前，亦即外在形勢之限制已去，故時機上適於改制。賈誼所欲改者爲「秦法」，而前述高祖曾於初即位時「悉去秦苛儀法」。〔註28〕叔孫通更採秦儀爲漢廷制朝儀，從高祖至文帝初立，此其間未見有人提出改異，何以至賈誼時獨有此議？除了上述賈誼所謂「天下和洽」的外在因素，當另有一層文化上的考量。按賈誼，雒陽人，年十八即以能誦詩屬書聞於郡中，此賈誼生長於周文化廣濡之東都，復嫻熟詩書；因此對於依緣秦制而行之有年的制度可能有不同的意見，且賈誼對於秦的得天下與失天下歸於「先詐力而後仁義」、「仁義不施」。〔註29〕而今漢代秦，自不宜長時以短祚的秦制爲漢家制度。

賈誼所建議改制的範圍極大，計包括正朔、服色、制度、官名、禮樂，且似乎也擬出了改制方案。從本傳中可知色尚黃、數用五，唯不解定官名的細節爲何。賈誼此次建議並未見實施，其後曾有公孫臣議改正朔、服色尚黃，並申明漢爲土德；〔註30〕以及鼂錯曾上書文帝，言「法令可更定」外，未見有其它關於改制之議。鼂錯於文帝時的建言，一樣沒付諸實施。至景帝即位，遷錯爲內史，「常數請閒言事。輒聽。寵幸九卿，法令多所更定。」〔註31〕今據《漢書‧百官表》所載景帝所更改的官名，計分初年、二年、中六年、後元年。〔註32〕其中又以中六年所更改最多。景帝雖改諸官名，然僅係名稱上

漢初功臣列侯集團之政治力量。P.78～112《徐復觀先生紀念文集》。
〔註28〕《史記》卷九十九〈叔孫通傳〉（99/1114a）。
〔註29〕賈誼〈過秦論〉，見《史記》卷六〈秦始皇本紀〉（6/135b～136a）。
〔註30〕《漢書》卷二十五上〈郊祀志〉（25上/545a）。
〔註31〕《史記》卷一百一〈鼂錯傳〉（101/1125a）。
〔註32〕初年所改者計有：衛尉（更名中大夫令，後元年復爲衛尉）、內史（二年分左、右）。中六年所改者計有：奉常（更名太常）、廷尉（更名大理，武帝建元四年復爲廷尉）、典客（更名大行令，武帝太初元年更名大鴻臚）、將作少府（更名將作大匠）、長信詹事（更名長信少府）、將行（更名大長秋）、主爵中尉（更

加以變動，對於權責的轄屬似沒有什麼調整增損；眞正對官制，尤其是警備機構，加以調整擴編，則待武帝即位之後。

（二）武帝之改異

承傳自秦的漢代警備機構，至漢武即位不久後，陸續加以調整、擴編，整個警備制度遂更加完備，其陣容亦愈顯壯盛。

西漢政局由高祖開創後，歷經惠帝、呂后的守成，再經文、景的休養生息，六十餘年間天下已大晏。內政上原先的功臣集團幾已凋零殆盡，〔註33〕政治上形成一批新的勢力權貴，且同姓諸侯王一經眾建諸侯的分封政策後，削弱其勢力；也減低了對皇權的威脅。外患上匈奴雖依然強大，但因漢廷本身所蓄積的實力日益增強，因此在處理與匈奴相關的涉外事務時，有更主動的力量與更積極的態度。〔註34〕在經濟上，由「齊民無藏蓋」的貧弱，到「民則家給人足，都鄙廩庾皆滿，而府庫餘貨財，京師之錢累巨萬，貫朽而不可校。太倉之粟，陳陳相因，充溢露積於外，至腐敗不可食。」的富庶局面。〔註35〕文化上也有了新貌，武帝建元五年春，置五經博士，六年五月，好黃老無爲的竇太皇太后駕崩，〔註36〕從此武帝得以無後顧之憂的從事他「內多欲而外施仁義」〔註37〕的陽儒陰法的統治方式。〔註38〕並且對與皇權安危攸關重大的警備制度，加以改異。

武帝的改制實乃相應於整個政治大環境的變遷，在歷經六十餘年的政治演進，專制皇權益形凸出，皇權日益凸顯的結果是皇權凌駕於一切官僚體制上，徐復觀先生論證這種過程爲「大一統的專制政治所必需。」〔註39〕這種

名都尉，武帝太初元年更名右扶風）。後元年所改者計有：治粟內史（更名大農令，武帝太初元年更名大司農）。上述諸官皆見《漢書》卷十九上〈百官表〉（19上/303a～308a）。本紀則僅於中六年條下書「改諸官名」，可能是中六年所改者特多之故（5/82a）。

〔註33〕同注27。
〔註34〕管東貴先生，〈漢武帝經略北疆的戰略部署——兼論中國北疆問題的特性〉《中國歷史論文集》P.551。
〔註35〕《史記》卷三十〈平準書〉（30/524a～525b）。
〔註36〕武帝雖即位於建元元年，然而眞正能大力作爲則需待建元六年竇太皇太后崩殂之後，從此漢代在文化上有了新的格局，意義可謂不小。
〔註37〕此爲汲黯諷刺武帝語。《史記》卷一百二十〈汲黯傳〉（120/1281a）。
〔註38〕余英時先生，〈反智論與中國政治傳統〉《歷史與思想》P.34。
〔註39〕氏著，〈漢代一人專制政治下的官制演變〉《兩漢思想史》卷一 P.205。

需要,表現於官制中的特色即是維護專制皇權的絕對身分。換言之,代表皇權至高身分的皇帝,其本身的安危與權力的絕對性質密不可分,前述秦始皇以招致眞人而隱密行止之事即然,而武帝又在此基礎上加以擴充。

秦代的警備制度爲漢所承續,且歷經數朝鮮有改異(見前文),至武帝一朝始加以改異,有關細節留待下節討論,現僅就關係較大的郎中令(光祿勳)、三輔都尉(屬中尉)、城門及中壘以下八校尉論述之。

1. 郎中令(光祿勳)

秦代的郎中令至漢武帝太初元年(西元前 104 年)更名爲光祿勳。此一機構在漢代所有警備機構中最爲特出,其主要成員爲數目龐大的各種郎官,其次則爲諸大夫。比起秦及漢武改制之前的郎中令,武帝時的光祿勳經過武帝的特意擴增後,成爲西漢最重要的近衛機構,不僅原先的郎官甚眾,且又加上羽林、期門以及羽林孤兒,此一龐大的近衛系統,都是在武帝手上建立起來的;此後光祿勳的屬員無有減損,終西漢一世成爲定制。〔註40〕

2. 三輔都尉

三輔都尉之設置亦在武帝時。都尉一職本係秦官,原名郡尉,景帝中二年(西元前 148 年)更名爲都尉。都尉本爲郡守副貳,凡郡皆有是官。唯三輔都尉則屬例外,其並非直隸三輔長官,而屬於警備機構之執金吾(中尉)。三輔都尉最早見於史文在武帝初年有右輔都尉。(見後)左、右輔都尉亦見於《漢書》卷二十四下〈食貨志〉。〈食貨志〉但記左、右輔,繫事於楊可告緡之後(24 下/529b),據《漢書‧百官表》中尉條下,元鼎四年更置二(三)輔都尉(19 上/308a),故〈食貨志〉之左、右輔或係左、右輔都尉之省稱。

據《漢書‧百官表》中尉條下屬官有左、右、京輔都尉,是三輔都尉直隸於中尉,此當係三輔都尉未設之前,「徼循京師」爲中尉之職。其後三輔都

〔註40〕西漢早期的郎官,其進身多由蔭任與訾選,至武帝時採納董仲舒與公孫弘之議,創孝廉除郎及博士弟子射策甲科除郎之制,郎官性質有別於蔭任與訾選。雖然武帝因對外征戰,國用不足,而有輸納補郎的規定,此舉亦曾遭時人的批評,然而論及郎官來源,主要仍來自察舉與射策;此對於人才的拔擢,影響殊大。嚴耕望先生謂:「孝廉、甲科除郎之制行,遂使民間優秀份子有進身之階,而政府亦可隨時與人民接觸。……永遠保持有朝氣之新生命。故此一除郎新制實有漢一代國家機構之大動脈。……而郎署則此泉源匯儲之所也。」(見氏著〈秦漢郎吏制度考〉P.90)先生之論的是,而西漢郎官自武帝後數目增加,主要的也是來自察舉、射策此一管道。

尉成立，因所掌者同，故以之屬中尉，而非隸屬於三輔之行政長官。

《漢書‧百官表》謂三輔都尉設於元鼎四年（西元前 113 年），此當係合京輔都尉而總言之，其實左、右輔都尉之設可能在此之前。早在武帝建元三年「微行始出」，時而出獵時已見於史文。《漢書》卷六十五〈東方朔傳〉：

> （武帝微行出獵）時夜出夕還。後齋五日糧，會朝長信宮，上大驩
> 樂。……然尚迫於太后，未敢遠出。丞相御史知指，乃使右輔都尉
> 徼循長楊以東。（65/1296b）

竇太皇太后崩於建元六年，王太后之崩在元朔三年，皆早於元鼎四年。據〈東方朔傳〉前述史文，《補注》引周壽昌曰：「建元六年（竇）太后崩後，車駕四出無安歲，故史特載此語於此。」錢大昕曰：「是時但分內史為左、右，初無三輔之名也，而先有右輔都尉，有右輔必有左輔矣。」〔註 41〕是左、右輔都尉之設當早於《漢書‧百官表》所繫的元鼎四年。然則左、右輔都尉是否為武帝所初設？以建元初武帝方始即位，而好清靜無為的竇太皇太后尚未崩前的情形而論，武帝似乎不大可能有所改異，因此左、右輔都尉恐係武帝之前即有，至於其設立之年，史文無證，無從得知。可知者為三輔之名始於武帝太初元年之改官名（京兆尹、左馮翊、右扶風。19 上/308a），而三輔都尉之正名則在元鼎四年（19 上/308a），其後歷西漢之世而無改。

3. 城門暨中壘以下八校尉

據《漢書‧百官表》城門校尉暨中壘以下八校尉，皆為武帝所初置（19 上/309a）。既言「初置」，則是武帝之前未有是官；考之史文，武帝之前確然未見上述諸校尉之稱呼。關於城門校尉之設立，據《漢書》卷六〈武帝本紀〉征和二年條謂「初置城門屯兵」（6/102a），既然初置城門屯兵，則城門校尉之設立亦當在此時。〔註 42〕至於中壘及屯騎諸校尉，各有專稱，這種核名以符實的建制亦是武帝所發展起來的，關於其設置的詳細情形，將在下文「相應於軍興之後的編置」中加以論述。

〔註41〕《漢書》卷六十五〈東方朔傳〉（65/1296b）。另按內史於景帝二年（西元前 155 年）分為左、右內史。武帝之前之左、右輔都尉或許是左、右內史的都尉。此僅是個人臆測之詞。

〔註42〕校尉掌武事，城門校尉所掌即長安城門的武備，西漢長安城有十二城門，每門各置屯兵，分隸於各城門候。十二城門候又隸屬於城門校尉，因此屯兵之置與城門候之設必直轄於城門校尉，故城門校尉之設當與屯兵之置同為征和二年。

二、皇朝政治中警備機構的特質

（一）基於皇室安全的考慮

前節已言及警備制度對專制皇權安全的重要性，現就此更申論之。

皇室的安全是皇朝政治安定穩固的基本前提，而皇室的安全則有賴於嚴密周備的保護措施，此不僅在承平時如此，即使兩軍交戰未戢時亦然，遠的不說，就以西漢而言。當楚、漢之際，漢王劉邦初都櫟陽時，即曾發「諸侯子在關中者皆集櫟陽為衛」。〔註43〕此事在漢王二年（西元前205年）立太子時，由於戰事未止，太子隻身在櫟陽，安全殊堪顧慮，集諸侯子在關中者為衛，一以衛太子，一以脅諸侯，正可收二鳥之效。然而當時諸侯子在關中的數目不可能太多，以此護衛太子似嫌不足。《史記》卷八〈高帝本紀〉其後又載「興關內卒乘塞」（8/172a），此事《漢書》卷一上〈高帝本紀〉作「興關中卒乘邊塞」（1上/43b），所記雖稍有出入，然可知漢王發動原在關內（中）之兵卒守（邊）塞，是關內（中）本有未隨軍出征之兵卒，以立太子乃國之大事觀之，負責太子安全的衛士當不止諸侯子之在關中者，必包括部分未乘（邊）塞之關內（中）卒。

漢高祖於滅楚後，天下粗安，然尚有陳豨、黥布、韓王信等之反亂，因此尚需時出征討。高祖軍旅所至，警備自可以一般營衛〔註44〕為之，至於留守京師之太子及皇室，為安全計就不得不慎重其事了。高祖十一年秋，淮南王黥布反，高祖本欲令太子將兵往征，後以呂后泣止乃罷，只得抱病自將前往，臨行時以重兵宿衛太子。《漢書》卷一下〈高帝本紀〉：

> 十一年秋。……淮南王（黥）布反。……上乃發上郡、北地、隴西車騎；巴蜀材官及中尉卒三萬人為皇太子衛，軍霸上。（1下/56a）

此次所發兵卒包括上郡、北地、隴西車騎，巴蜀材官及負責「徼循京師」之中尉卒三萬人。以漢王五年即帝位，天下「兵皆罷歸家」，〔註45〕及十年秋七

〔註43〕《史記》卷八〈高祖本紀〉（8/172a）。

〔註44〕營衛來源已見第一節。營衛本係行軍在外，便宜設置的警備措施。《漢書》卷四十一〈樊噲傳〉記噲持盾欲入項王軍帳，「初入營，營衛止噲。」（41/1012a）此營衛即衛項王者。

〔註45〕《漢書》卷一下〈高帝本紀〉（1下/48b）。此地所罷歸家之兵，當是隨諸將征戰之兵。本紀繫此事於夏五月，隨之於七月之前有「戍卒婁敬求見」之載，是戍卒之徵並未中斷。「兵皆罷歸家」之兵可能隨諸將之分封而隨至其封地，

月征討陳豨時「以羽檄徵天下兵，未有至者，今計唯獨邯鄲中兵耳。」〔註46〕的實情觀之，當時可用的兵卒當不多，以兵卒不多猶留下包括中尉卒三萬人以宿衛太子，高祖也不輕易調動；此係宿衛本是大事，太子安全又關國本，故高祖即使在缺乏征卒之下也不加以調動。且宿衛之卒有常制性的任務，隨時維持著某一固定數目，因此雖然五年曾罷天下兵歸家（此所罷之兵當係長年隨諸將征戰之兵卒，所謂罷當係隨諸將至其封地），然衛卒並不在「皆罷歸家」之列；故當高祖於親征黥布一役中「赦天下死罪以下，皆令從軍」〔註47〕的情況下，中尉卒猶維持甚爲龐大的數目，其於皇太子宿衛之重視由此可見。〔註48〕

　　上述二事的地點，一在櫟陽，一在長安。櫟陽自漢王二年四月（西元前205年）至漢王五年二月（西元前202）之間爲王都，其後高祖即帝位於氾水之陽，於五年五月西都雒陽。〔註49〕在此之前皇室似乎一直居於櫟陽，其後雖定都雒陽、長安，高祖仍不時往返雒陽。高祖六年冬十月燕王臧荼反誅後，燕地初定，高祖命將軍酈商將太上皇衛一歲。《漢書》卷十九下〈公卿表〉記「將軍酈商爲衛尉」（19下/314b），即指此事，是酈商以將軍領衛尉職事，此舉也是爲了護衛太上皇及皇室的安全。其後太上皇崩於高祖十年七月，同年九月陳豨反，酈商復以將軍往擊陳豨。從六年冬十月至十年秋七月，櫟陽一直有皇室居住，因此自是一直有警備機構負責皇室的宿衛。〔註50〕

　　　　以漢五年情形觀之，諸將皆各領重兵，這些兵當係隨其長年征戰之兵。

〔註46〕《漢書》卷一下〈高帝本紀〉（1下/54b）。高祖擊陳豨至趙時，曾徵趙四人爲將，各予千石之封，此舉實有攏絡之意，蓋以趙人將兵，可安軍心，收便宜實利。然由此亦可知高祖所將之兵實不多。

〔註47〕《漢書》卷一下〈高帝本紀〉（1下/56a）。

〔註48〕據《史記》卷五十五〈留侯世家〉（《漢書‧張良傳》同）載，高祖征黥布時適張良病未從，說高祖「令太子爲將軍，監關中兵。」《考證》引徐孚遠曰：「太子監關中兵，一以固根本，亦以安太子。」（55/809b）所謂固根本者即固守京畿；安太子者，以太子掌兵，則武力在太子手上，自可無慮有任何倉促的兵事。

〔註49〕氾水之陽，據〈叔孫通傳〉謂高祖即位於定陶。按定陶屬濟陰郡，在雒陽東八百里，由定陶遷往雒陽故謂之西都。

〔註50〕高祖雖於五年五月都雒陽，然而並非常居，且甫都雒時婁敬即勸都長安。據《漢書‧高帝紀》謂高祖詢問張良的意見之後，「是日，車駕西都長安。」（1下/50a）同一事《史記》則作「是日，車駕入都關中。」（8/176b）按櫟陽、長安俱在關中，以當時長安未城，未央宮亦未建觀之，當從《史記》。上引《漢書‧高帝紀》遷都之事，《補注》引周壽昌曰：「荀《紀》云：於是上即日車

櫟陽、雒陽之後，西漢遷都長安。西漢長安的宮城與京城，即未央宮與長安城的興築竣工有先後。未央宮成於高祖時，由蕭何主其事，起迄時期約在高祖八年冬至九年冬十月。〔註51〕京城部分則犀至惠帝五年（西元前 190 年）始完成。〔註52〕從此未央宮、長安城形成完整的殿、城系統。都城形制既成，自有明顯的內外之分，因此警備宿衛的層級劃分、權職分野也更加的分明。〔註53〕

長安城完成後的第二年（西元前 188 年），惠帝即崩於未央宮。時呂后掌政已數年，雖為惠帝發喪，然卻「哭，泣不下」，諸大臣不解其意，後經張良子張辟彊為之解說，丞相陳平依辟彊之計「請拜呂台、呂產、呂祿為將，將兵居南北軍。及諸呂皆入宮，居中用事。」〔註54〕呂后始悅，其哭乃哀，而呂氏之權也從此起。呂后既已以外家領京師的宿衛軍，〔註55〕京師及宮

駕西入關，治櫟陽宮。」（1 下/50a）荀悅《漢紀》為調解之說，然其言治櫟陽宮當屬確實。按《漢書‧高帝紀》書「七年二月，自櫟陽徙都長安。」（1 下/52b）知都長安之前，櫟陽一直是皇室所居重地。另者雒陽一地高祖雖偶有往返，然居停皆不久，且常因征討之便而往居，警備上可以一般營衛為之，因此較之西都長安之前的櫟陽，雒陽在警備上或不若櫟陽之嚴謹。

〔註51〕關於未央宮完成年代，《史》《漢》所載稍有牴牾。《史記》卷八〈高祖本紀〉繫於八年擊韓王信餘寇反時（8/178b），《漢書》卷一下〈高帝紀〉則繫於七年二月（1 下/52b）。以《漢書‧高帝紀》「九年冬十月，淮南王、梁王、趙王、楚王朝未央宮，置酒前殿。」（1 下/53a）觀之，《史記》似較可信。按蕭何於七年所營築的只是東闕、北闕、前殿、武庫、太倉；而高祖擊韓信餘寇事在八年冬，以時間推之，為期近一年，一年內完成上述建築似較合理。

〔註52〕關於長安城完成的經過，馬先醒先生有詳細敘述。馬先生推論長安城的工程共分四大段落：（一）惠帝元年春正月，（二）三年春，（三）三年六月，（四）五年春正月。見氏著，〈漢代長安城之營築及其形制〉P.138 《華岡學報七期》。

〔註53〕此因戰時或戰事初止時，一切制度往往需便宜行事。就以警備一事而言，秦都咸陽，其分層負責可以無疑。其後咸陽三月大火，高祖西都關中，營築新都，在宮城與京城未完成之前，自是無從劃分職權的分層負責，必待都城、宮城完成後始能為之。

〔註54〕《史記》卷九〈呂后本紀〉，《考證》引梁玉繩曰：「南北軍，不容三人將之，漢傳無呂祿，甚是。祿乃繼台將北軍者也。」（9/185a）按呂台卒於呂后二年。

〔註55〕關於諸呂領南北軍宿衛之事，傅樂成先生持懷疑之論。傅先生謂：呂產、呂祿之將南北軍事在呂后八年，即惠帝崩後八年，丞相所請事八年後才實現，乃是奇談。見氏著，〈西漢的幾個政治集團〉《漢唐史論集》。廖伯源師則謂：前後八年有二可能——「一是呂后小心行事，經八年之考慮後，才任用呂產、呂祿。二是呂后聽陳平所請，乃任用呂氏子弟為將，以樹立呂氏勢力。呂氏子弟為將，至呂后崩前，有八年之久，中間可能有人事變遷。」廖師自謂第二說較可能，見前引廖師著〈試論漢初功臣列侯及昭宣以後諸

廷武力俱在控制掌握之中，自可進一步培植自己的政治力量；身秉大權之外，〔註56〕並大封外家諸呂爲王、侯，結宗室爲姻親。〔註57〕呂后之所以由「哭，泣不下」至「哭乃哀」，其間的轉變，其實正如史文所說的「太后心安」之故。按以所親掌宿衛重責，安全上無後顧之憂，且在「諸呂皆入宮，居中用事」的情形下，可收與參大事及確保宗族安全之利，居於此理，呂后自是能「心安」。而從此事觀之，亦可看出呂后視本家一如皇室，爲皇室安全計，警備宿衛大事豈能落於他人之手，〔註58〕此何以當其臨終時猶不忘提醒呂產、呂祿；當其崩時「必據兵衛宮、愼毋送喪」，怕的就是「爲人所制」。〔註59〕呂氏後來雖爲功臣列侯及宗室所共誅，然而此是後事，無涉於未被誅之前之領警備宿衛以護諸呂之安全。

　　諸呂被誅，功臣列侯及宗室在經過一番商議後，決定迎立無強悍外家爲援的代王入爲文帝。文帝自代至長安，行至渭橋時，太尉周勃曾有閒請，爲中尉（代國中尉）宋昌所拒，周勃才「跪上天子璽符」（4/69a），完成迎立大

將軍之政治地位〉上篇 —— 試論西漢時期列侯與政治之關係。【註18】愚以爲第一說殊不可能，以呂后行事之果斷，斷不可能經八年始付諸行動，且將南北軍之事攸關安危尤重，不可能於八年後始立外家爲宿衛長官。其次，傅先生謂此條史料不確，此亦可議。按《史記》繫張辟彊爲大臣謀與呂后臨終時令二呂將南北軍二事於〈呂后本紀〉（9/185a.b），《漢書》則繫於〈外戚傳〉（97上/1679b）。書於〈外戚傳〉乃爲明外戚之得勢（權），故謂「呂氏權由此起」，此處之呂氏非指呂后甚明。再以漢初功臣列侯在政治上擁有大權而言，此呂氏之權不一定指政治之權，極可能指的是軍事大權，觀其時諸功臣兵權不重可知。從上所述，呂氏掌南北軍唯有誰先誰後的次序問題，至於初掌時間，當在惠帝初崩之後，明乎此，則傅先生所謂「史料不確」可以不辯矣。

〔註56〕實則呂后秉政不始於惠帝崩後，而是惠帝初立的第二年。見《漢書》卷九十七上〈外戚傳〉（97上/1679b）。

〔註57〕呂后封諸呂計四王六侯。四王者：呂王呂台、梁王呂產、趙王呂祿、燕王呂通（97上/1679a）。六侯者：扶柳侯呂平、沛侯呂种、俞侯呂它、贅其侯呂更始，呂城侯呂忿，東平侯呂莊。另呂嬃爲婦人封林光侯，不在六侯之列。六侯見《史記》卷九〈呂后本紀〉（9/186a.b）。此外呂后並以呂嬃女嫁營陵侯劉澤爲妻，以呂祿女嫁齊哀王弟劉章爲妻，此其結宗室以自固者。

〔註58〕呂后王諸呂並不遣之國，但置於京師，此亦慮及諸呂一旦處於諸列侯王國之間，恐百年後勢單力薄爲人所劫殺；故將之置於京師並委以重兵，一來可衛諸呂，二來可防大臣之反貳。

〔註59〕《漢書》卷九十七上〈外戚傳〉（97上/1680a）。

事。〔註60〕周勃所聞請為何事,不得而知,然其時周勃身為太尉,又在政變之後,控制著南北軍的兵權,為一有實力的功臣,其欲請閒或有政治權力妥協的條件,一旦事有不恰,極易為勃所制;因此宋昌以「所言公,公言之。所言私,王者不受私。」〔註61〕的冠冕理由予以誘拒。此一拒絕,使周勃無條件的「跪上天子璽符」,無形中免除了一場可能發生的政治意外。

文帝自代邸入未央宮後,第一件人事任命就是攸關警備宿衛大事的。《史記》卷十〈孝文帝本紀〉:

> 皇帝即日夕入未央宮。乃夜拜宋昌為衛將軍,鎮撫南北軍。以張武為郎中令,行殿中。還坐前殿。於是夜下詔書曰:……。(10/195b)。
>
> (漢書卷四同)

文帝於黃昏時刻入未央宮,當夜即於宮中拜宋昌為衛將軍,鎮撫南北軍,將兵權自太尉周勃手中奪過來,完成了接掌宿衛親兵的大事。接下來再命張武為郎中令,領宮中諸宿衛郎官,如此近衛武力盡在掌握之中,安全上可以無虞。且經過這次兵權轉移,不但成功的奪取了原本在功臣列侯手中的武力,同時也藉此鞏固本身的人事班底。在警備宿衛方面安排妥善後,文帝才「還坐前殿」並且下了第一道詔書。〔註62〕

西漢至武帝時期,皇權權威達於頂點。〔註63〕皇權的絕對化與神聖化〔註64〕也日益高漲,在這種政治格局下,皇帝可以大肆從事皇室事務,其中京畿警備

〔註60〕漢天子璽殊為貴重,此傳國信物,一旦擁有則形同至尊。因此當霍光輔佐昭帝時,一日殿中曾有怪事發生,霍光欲奪尚符璽郎之璽時,該郎即按劍曰:「臣頭可得,璽不可得也。」(《漢》68/1323b)另〈元后傳〉亦載「王莽即位請璽,(王太皇)太后不肯授莽。」(98/1709a)

〔註61〕《史記》卷十〈孝文本紀〉(10/194b)。按宋昌為代國中尉,掌代國武備,文帝入長安,宋昌隨行,昌為武將,當深知兵事之重,故其拒絕周勃所聞請實有深慮,所謂「公私」之分僅是藉口,要之者乃慮及文帝之安危與功臣之遽改迎立之心。

〔註62〕皇帝初即位例行要詔告天下或大赦天下,或賜爵、賞,或許大酺,凡此皆即位後的第一件事,此為西漢帝位傳承的定制。文帝即位於政變之後,大變甫過,宮闈之內尚未安全,故文帝在完全控制宮城武力後始發詔書,此所以史文特將拜宋昌、張武一事書於下詔之前。

〔註63〕關於西漢皇權的高漲與其與官僚體系的衝突,近人論述甚眾,如李俊之《中國宰相制度》P.239、勞榦之〈論漢代的內朝與外朝〉《史語所集刊13本》P.267、徐復觀之〈漢代一人專制政治下的官制演變〉《兩漢思想史卷一》P.203、余英時之〈君尊臣卑下的君權與相權〉《歷史與思想》p.68.69.。

〔註64〕徐復觀先生語。見前引文 P.203。

機構的擴編，實與這種政治環境的演化息息相關。武帝時期的警備機構的擴編
以職司宮廷禁衛的郎中令（光祿勳）最為顯著。按武帝於即位初年即常微行至
京畿近縣狩獵，既名微行，自非如一般警蹕的儀杖鮮明；然而出為狩獵，其行
止亦不得不顧慮安全，否則遽有變故，其危殆可知。如秦始皇微行夜出咸陽，
猝然遇盜，幾乎險遭不測，主因也是同行者過少所致。〔註 65〕微行出獵既然不
能公然動用原先的禁衛，又不能草率出宮行獵，權宜之計只好另尋可用之人。《漢
書》卷六十五〈東方朔傳〉：

> 建元三年，微行始出。……八、九月中與侍中、常侍、武騎及待詔
> 隴西、北地良家子能騎射者期諸殿門，故有期門之號自此始，微行
> 以夜漏下十刻乃出。（65/1296b）

此期門本為動詞「期諸殿門」之謂，其後遂成為專屬名詞，成為郎中令的屬
員，其員額可多至千人。

期門之外，武帝又增設羽林。《漢書》卷十九上〈百官表〉：

> 羽林，掌送從，次期門。武帝太初元年初置。（19 上/302b）

《補注》王先謙引《續漢書‧百官志》曰：「羽林郎。……本武帝以便馬從獵，
陛嚴下室中，故號嚴郎。」是羽林亦為諸郎之一，其始設亦如期門，乃因應
武帝出獵的需要，所考慮的與期門同為專制皇權的安危。羽林初名為建章營
騎，當係除了與出狩獵之外，也負責建章宮的宿衛，其後更名羽林騎，可能
演變為專從狩獵；此雖與專責宿衛宮廷有別，但論起它的緣起，實可歸因於
專制皇權基於安全的考慮而加以設置的御用機構。

（二）相應於軍興之後的編制

警備一事，本來就與武備相關，各警備機構自有常制性的武力，此固然
之理，無庸贅論。此處所謂「軍興之後的編制」所要討論的是武帝用兵四夷
後新增設的胡、越騎校尉。

據《漢書‧百官表》所記載，八校尉皆為「武帝初置」。其中中壘、屯騎、
步兵、射聲、虎賁諸校尉，觀其所掌實不出原來編制中的兵種，故此處不論。
八校尉中所餘之越騎、長水以及胡騎三校的設立，與武帝用兵四夷的軍興行
動較有關聯，因此只就此三校加以討論。

〔註 65〕時始皇之隨從只四人。見《史記》卷六〈秦始皇本紀〉（6/122a）。

1. 越騎校尉〔註66〕

越騎校尉。《漢書・百官表》謂「掌越騎」。注引如淳曰：「越人內附以爲騎也。」（19 上/308b）所謂越人，實際上包含東甌、閩越、南越，亦即地當淮水以南的東南沿海之地。這些地方自春秋末即爲吳、越之地，故以越爲名相沿不改。越地自秦末天下大亂時，即因遠處南方，或以未涉及中原亂事，或以佐漢而得爲王，或以秦時的地方官趁天下亂起而據地爲王。《漢書》卷九十五〈西南夷兩粵朝鮮傳〉：

> 南粵〔註67〕王趙佗。……二世時，……（爲）龍川令。……秦已滅，佗即擊并桂林、象郡，自立爲南越武王。（95/1628ab）

同傳閩粵條：

> 閩粵王無諸及東海王搖，其先皆越粵王句踐之後也。……秦并天下，廢爲君長，以其地爲閩中郡。……諸侯滅秦。……無諸、搖，帥粵人佐。漢五年，復立無諸爲閩粵王，……孝惠三年，舉高帝時粵功。……立搖爲東海王，都東甌，世號東甌王。（95/1632ab）

南越、閩越（粵）、東甌以其地處南方，因緣際會得封爲異姓王，且在文帝時異姓諸侯王悉數誅除後，猶能繼續稱王，〔註68〕逮至武帝中期始入漢爲郡縣。

〔註66〕越騎校尉，《漢書》卷十九上〈百官表〉越騎校尉條下注引如淳曰：「越人內附以爲騎也。」顏師古支持此說。晉灼則曰：「取其材力超越也。」晉灼之說自顏師古以下未有支持者，逮至清代始有何焯支持。何焯曰：「騎非越人所長，似晉說是。」（19 上/309b《補注》引何焯語）何說固有其理，按越地多江湖，一般咸信其兵卒善水戰而拙於陸戰，然而觀七國之亂時，吳王濞發國中卒二十餘萬人，此二十餘萬人非全爲水師當可無疑。另吳王濞起兵時遺諸侯書曰：「寡人素事南越三十餘年，其王諸君皆不辭分其兵以隨寡人，又可得三十萬……。」（《漢》35/957b）三十萬或有誇大之處，然數目必也不少；且吳王起事，逐競之主戰場必在關中，而關中地形所利者唯步騎，斷非一般水師所能勝任則明矣，故所謂「騎非越人所長」恐亦非確言。其次，八校尉之銜除屯騎、射聲是由動詞轉變爲名詞之外，其餘皆爲名詞。愚意以爲屯騎本爲屯戍之轉；射聲者初指特出之射士，亦由此轉爲名詞。至若越騎，當如胡騎、宣水之掌胡騎，同爲名詞，非轉自動詞者。

〔註67〕粵者越也，南粵王即南越王。《漢書》卷九十五〈西南夷兩粵朝鮮傳〉：「閩粵王無諸及粵東海王搖，其先皆粵王句踐之後也。」（95/1632a）粵王句踐即越王句踐，故粵即是越。

〔註68〕南粵至武帝元鼎六年（西元前 111 年）始亡，東甌、閩越至元封元年（西元前 110 年）始亡，計南粵傳國九十三年，閩越亦九十三年，東甌八十三年（95/1632a～1633b）。

　　武帝對四夷用兵，費力少而收功大者當屬兩越、東甌。且自武帝立郡縣於兩越、東甌，以及舉東甌「眾處江淮之間」後，〔註69〕終西漢之世，臣服未有叛事。武帝的立郡縣與徙民政策，將原屬邊地的獨立小國，納入漢帝國的整個行政系統，易收管理之功。關於武帝的徙民政策，據《漢書》卷九十五〈西南夷兩粵傳〉謂武帝「詔軍吏皆將其民徙處江淮之間，東粵（甌）地遂虛。」（95/1633b）這裡的「民」當指一般人民，至於士卒，據同傳南越條所載，呂嘉事敗後，有「粵將畢取以軍降」、「粵桂林監居翁喻告甌駱四十餘萬口降。」（95/1632a）既言「以軍降」，必以其所將之士卒悉數降漢，而桂林監居翁喻告甌駱四十餘萬口降漢，其中或有士卒。這些降漢的士卒，事實上有不少是被當作俘虜的。《漢書》卷九十〈酷吏楊僕傳〉記武帝責楊僕五過中的第一過，謂楊僕「前破番禺，捕降者以為虜。」（90/1567b）適足以說明武帝用兵兩越、東甌，確有捕其士卒，俘掠至京師的。這些被解送到京師，熟悉越地作戰的越人，必需設法加以管理；而且這些人都是有作戰專長的士卒，符合武帝廣開四境，需要熟悉不同作戰型態、適應各地作戰的人才的要求。因此將這些人簡選並加以編制，形成一支特種作戰部隊，於是形成八校中的越騎校尉所部。越騎校尉的編制，最初的用意大概是為了因應越地作戰的需求，只是武帝對兩越、東甌的用兵，至元鼎六年（西元前111年）平東越（甌）後，未再動過武力，而越騎校尉也與其它諸校尉一般，同為宿衛京畿的武力之一。雖然越騎由作戰部隊演變成宿衛部隊，然一旦國家有急事，還是需要出征的（見後第三章越騎校尉條）。

2. 長水、胡騎校尉

　　西漢涉外事務最主要的對象為西北的草原游牧民族——匈奴。對匈事務一直就是戰國以來，中原農業民族的重要課題。西漢自定都長安後，與西北邊防逼近，所謂「輕騎一日夜可至」（43/1031a）。西漢自開國後，所面臨的最大外患就是這個近邊的強大游牧民族，因此歷來朝廷對匈事務的重點即在如何取得對峙的優勢。西漢對匈政策可分為守勢期與攻勢期，〔註70〕大致上以武帝元光二年（西元前133年）的馬邑之謀為分界；從此役後漢廷一改過去被動的守勢態度，轉為積極主動的部署，並以直接深入的戰略，處理邊地的

〔註69〕《漢書》卷九十五〈西南夷兩粵朝鮮傳〉（95/1633b）。

〔註70〕所謂攻守之分，係以對峙時態度的積極與消極，主動與被動而言，只是行文用語，別無它意。

外患問題。〔註71〕

　　漢匈問題，牽涉者廣，並非本文所要、所能處理的，本節但就漢廷與匈奴交戰後，所產生的相關作戰部隊稍加論述。

　　西漢與匈奴的正式交戰主要集中於武帝時期，〔註72〕始自元光六年（西元前 129 年）四將軍迎擊入侵上谷的匈奴，〔註73〕至武帝征和四年（西元前 89 年）封車千秋爲富民侯〔註74〕以示予民休息，前後四十一年，誠如《史記‧平準書》上所說的「兵連而不解」。（30/526a）武帝對征伐匈奴諸將之論功行賞，率以所「捕斬首虜」數目的多寡而定，〔註75〕而幾次重要的對匈戰役，所捕斬的數目都不少（見附表一），且有不少人在對匈作戰中表現特出，得以封侯（見附表二）。

〔註71〕　前引管東貴先生文。

〔註72〕　漢匈實際的交手當以高祖七年平城之役開始，唯此役史書謂高祖輕敵深入，是其挾滅楚餘鋒以探匈奴，在準備上殊爲匆促，雖無大損，卻爲漢廷之辱；其後遂不敢主動親擊，改採綏安政策。關於這個政策，最足以說明的見《漢書》卷三十七〈季布傳〉，冒頓單于以書侮謾呂后，上將軍樊噲自請以十萬得橫行匈奴中，諸將皆然其議，唯季布以高祖三十萬眾困於平城之舊事，譏噲可斬，擊匈之事遂寢。此不僅季布就事論事，以實力言漢廷亦無致勝把握。從此漢匈之間大致上維持著一種不完全的和平態勢，雖然匈奴仍時有入寇，然漢廷與匈奴終無主力的正面交戰。

〔註73〕　四將軍者：車騎將軍衛青出上谷，騎將軍公孫敖出代，輕車將軍公孫賀出雲中，驍騎將軍李廣出雁門。衛青軍至龍門，並獲首虜七百級，此爲漢匈交戰中漢廷獲敵首之首見。見《漢書》卷六〈武帝本紀〉（6/87a）。

〔註74〕　《漢書》卷二十四上〈食貨志〉謂「武帝末年，悔征伐之事，乃封丞相爲富民侯。」（24上/519a）〈武帝本紀〉征和三年猶遣貳師將軍李廣利將七萬人出五原，御史大夫商丘成將二萬人出西河，重合侯馬（莽）通將四萬騎出酒泉，同年李廣利兵敗降匈奴，此爲武帝最後一次出擊匈奴。前引〈食貨志〉之丞相，據《漢書》卷十九下〈公卿表〉征和四年條：「六月丁巳大鴻臚田千秋爲丞相。」（19 下/326b）《漢書》卷六十六〈車千秋傳〉，千秋以高廟寢郎爲大鴻臚，數月拜丞相，封富民侯，是田千秋即車千秋，富民侯之封在征和四年（66/1308a）。

〔註75〕　元朔五年大將軍衛青率六將軍十餘萬擊右賢王，獲首虜萬五千級，六年，青復率六將軍擊胡，得首虜萬九千級。《史記》卷三十〈平準書〉謂「捕斬首虜之士，受賜黃金二十餘萬斤。虜數萬人，皆得厚賞，衣食仰給縣官。」（30/526b）。元狩二年霍去病再擊匈奴，〈平準書〉謂「獲首四萬，其秋，渾邪王率數萬之眾來降。於是漢發車二萬乘（《漢書‧食貨志》二作三）迎之，既至，受賞賜，及有功之士。是歲，費凡百巨萬。」（30/527b）元狩四年「大將軍、驃騎大出擊胡，得首虜八、九萬級，賞賜五十萬金。」（30/529b）。

表一：出處為《漢書》的卷次、頁碼

時　間	統兵將領	捕斬數目	獎賞情形	出　處
元光六年	衛　青	獲首虜七百級	青賜爵關內侯	6/87a 55/1153a
元朔元年	衛　青李　息	獲首虜數千級		6/88b 55/1153b
元朔二年	衛　青李　息	獲首虜數千級	益封青三千八百戶為長平侯	6/88b 55/1154a
元朔五年	衛青暨六將軍(1)	獲首虜萬五千級（《漢書‧武帝紀》作「得男女萬五千餘人，引兵還。」）	即軍中拜青為大將軍，益封青八千七百戶。青三子尚在襁褓各封侯。諸將都以功侯	6/89a 55/1155a
元朔六年二月	衛青暨六將軍(2)	斬首（三）千級		6/89a
元朔六年四月	同上	斬首虜萬餘人	是歲霍去病以校尉功多始封冠軍侯	55/1155b ～ 1156b
元狩二年	霍去病	斬首八千餘級。本傳作：八千九百六十級	益封去病二千二百戶	6/90b 55/1157a
元狩二年	霍去病公孫敖李　廣蘇　建	斬首虜三萬餘級。本傳作捷首虜三萬二百	益封去病五千四百戶	6/90b 55/1157a.b
元狩四年夏	衛　青霍去病李　廣公孫賀趙食其	青斬首萬九千級，去病斬獲首虜七萬餘級（本傳：獲首七萬有四百四十三級）	益封去病五千八百戶	6/91b 55/1160a
天漢二年	李廣利公孫敖李　陵	斬首虜萬餘級		6/100b 54/1146a.b

附表二：出處為《漢書》的卷次、頁碼

姓　名	侯　稱	封侯時間	封侯原因	原　職	出　處
蘇　建	平陵侯	元朔二年三月	從車騎將軍（青）擊匈奴功侯，元朔五年益封	都（校）尉	17/268a 54/1148b
張次公	岸頭侯	元朔二年五月	以校尉從車騎將軍擊匈奴功侯，從大將軍益封	都　尉	17/268b 55/1161b
李　蔡	安樂侯（李廣傳、衛青傳皆作樂安侯）	元朔四年四月	以輕車將軍從車騎將軍再擊匈奴功侯	將　軍	17/269a 54/1143b 55/1155b
公孫敖	合騎侯	元朔五年四月	以護軍都尉（校尉）三從大將軍擊匈奴功侯，元朔六年益封	護　軍 都尉（校尉）	17/269a 55/1161b
李　朔	陟軹侯	同上	以校尉三從大將軍擊匈奴功侯	校　尉	17/269a 55/1155b
公孫戎奴	從平侯	同上	同上		同上
趙不虞	隨成侯	同上	同上		同上
李　沮	關內侯	同上	以將軍從大將軍擊匈奴功侯	將　軍	55/1155b
李　息	同上	同上	同上	將　軍	同上
豆如意	同上	同上	以校尉從大將軍擊匈奴功侯	校　尉	同上
綰	同上	同上	以中郎將隨大將軍擊匈奴功侯	中郎將	同上
張　騫	博望侯	元朔六年三月	以校尉數從大將軍擊匈奴知道水及使絕國大夏侯	校　尉	17/269b 61/1239b
郝　賢	終利侯	元朔六年五月	以上谷太守四從大將軍擊匈奴得首虜千級侯	太　守	17/269b 55/1156a
趙破奴	從票侯	元狩二年五月	以司馬再從票騎將軍擊匈奴侯	司　馬	17/269b 55/1162b
高不識	宜冠侯	同上	以校尉再從票騎將軍擊匈奴侯	校　尉	17/270a 55/1157b

僕朋（多）	煇渠侯	同上	同上	同上	同上
路博德	邳離侯	元狩四年六月	以右北平太守從票騎將軍擊匈奴得虜首萬二千七百人侯	太守	17/270a 55/1162a
衛山	義陽侯	同上	以北地都尉從票騎將軍擊匈奴侯	都尉	17/270a
復陸支	杜侯	同上	以匈奴歸義從票騎將軍擊匈奴捕虜三千一百侯		17/270a
伊即軒	眾利侯	同上	以匈奴歸義從票騎將軍擊匈奴侯		同右

　　(1)元朔五年之六將軍為：衛尉蘇建為游擊將軍，左內史李沮為彊弩將軍，太僕公孫賀為騎將軍，代相李蔡為輕車將軍，大行李息為將軍，岸頭侯張次公為將軍。（55/1154b）

　　(2)元朔六年之六將軍為：合騎侯公孫敖為中將軍，太僕公孫賀為左將軍，翕侯趙信為前將軍，衛尉蘇建為右將軍，郎中令李廣為後將軍，左內史李沮為彊弩將軍。（55/1155b）

　　前列表中為數甚眾的「捕降」胡人，都由朝廷供給衣食。據《漢書》卷二十四下〈食貨志〉所載，當時就食長安的降胡有數萬人（24下/526b），〔註76〕這為數龐大的歸降胡人，身處京畿重地，雖為歸降的人，但總要有適切的管理；否則容易形成社會治安等問題，徒增治理上的困擾。一旦將之納入正常的管理系統，則不但可免去上述的困擾，同時以其本身特具的戰鬥技能，又可成為一支勇猛精銳的作戰部隊。當然也不能因為有數萬的降胡，就認為有數萬的胡騎。以常情來說，歷次捕獲虜掠的胡人，大部分當屬交戰中戰場上的戰利，其中或許有部分老弱婦孺，然而精壯的戰士為數必也不少，若以三分之一計，亦在萬人之譜。至於渾邪王所率領的歸降胡人中，雖有不少是老弱婦孺，〔註77〕但作

〔註76〕《史記》卷三十〈平準書〉唯記「胡降者皆衣食縣官，縣官不給。」（30/527b）無「數萬人」三字。按〈平準書〉記元狩二年秋渾邪王率數萬之眾來降，〈食貨志〉所載當係隨渾邪王來降之眾與歷次捕虜之數，其言數萬亦非虛詞。
〔註77〕單于之下復有大小諸王，每王皆統兵兼治民。《史記》卷一百一十〈匈奴傳〉雖謂「士力能毋（彎）弓，盡為甲騎。」（110/1184b），然終有部分老弱婦孺，因此渾邪王所率降胡自有不少的非戰鬥人員。

戰的士卒還是有的。這些捕虜或歸降的胡人，可能在經過簡選、納編後成為長水、胡騎二校；而長水又分屯駐長水與屯駐宣曲二部，故凡胡人改編的軍隊計二校三部，此二校即為武帝所增設的八校中的二校。上述二校屯駐於京畿附近，與其它諸校皆為宿衛機構，〔註78〕若有戰事時，亦隨軍出征。（見第三章）

_____

〔註78〕見陳直先生，《三輔黃圖校證》卷六 P.133。

第二章　畿衛── ﹝註1﹞ 執金吾（中尉） ﹝註2﹞

《漢書》卷十九上〈百官表〉執金吾（中尉）條：

> 中尉、秦官。掌徼循京師。有兩丞、候、司馬、千人。武帝太初元
> 年更名執金吾，屬官有中壘、寺互、武庫、都船四令丞。都船、武
> 庫有三丞，中壘兩尉。又式道左右中候、候丞及左右京輔都尉、尉
> 丞兵卒皆屬焉。初寺互屬少府，中屬主爵，後屬中尉。（19上/306a.b）

一、官署組織

（一）中尉丞

　　《漢書》卷十九下〈公卿表〉元狩四年（西元前 119 年）有「中尉丞陽
僕爲主爵都尉。」（19下/322b）此陽僕或即是〈酷吏傳〉之楊僕。《漢書》卷
九十〈楊僕傳〉謂僕「以千夫爲吏，河南守舉爲御史，使督盜賊關東，治放
尹齊，稍遷至主爵都尉，上（武帝）以爲能。南越反，拜爲樓船將軍。」（90/1567b）
按南越反在元鼎五年（西元前 112 年），是年武帝拜僕爲樓船將軍，與伏波將
軍路博德往擊。前述陽僕若即是楊僕，則其爲中尉丞即在爲主爵都尉之前，

﹝註 1﹞ 關於本章以下至第五章章節的安排，爲了行文的方便，採用各機構爲一論述
　　　　單位，再就其組織與職權加以論述。至於論述的次序則由外而內，依次爲畿
　　　　衛（執金吾）、城衛（城門校尉暨八校尉）、宮衛（衛尉）、殿衛（光祿勳），
　　　　最後爲內宮之警備（少府）及太子家衛（詹事）。後二者因資料甚缺，故但置
　　　　於篇末以爲附論，此亦僅爲行文便利計，別無它意。
﹝註 2﹞ 本章以下有關警備機構的稱呼皆以武帝改制後的名稱爲主，此因武帝改制後
　　　　的稱呼一直爲西漢一代所沿用，故本文以此爲據。

唯本傳未記其爲中尉丞，公卿表所載正可補本傳之漏。而中尉本職爲徼循京師禁備盜賊，其佐僚之中尉丞當亦然。本傳謂僕「督盜賊關東，治放尹齊」，觀尹齊「以刀筆稍至御史。……督盜賊，所斬伐不避貴戚，遷爲關內都尉。」（90/1567b）其遷官之因即在於以嚴峻手法治理轄地，而楊僕爲御史所用的方法即仿效尹齊，則其爲中尉丞的治理手法當同於此。

中尉丞爲執金吾的主要佐僚，因此秩祿也高。應劭《漢官儀》引〈漢官秩〉謂：「執金吾，比二千石。丞，六百石。」（P.24）比二千石顯係誤言，至於丞六百石，可能是部分時期情形，並非常制。《漢書·百官表》謂：「自太常至執金吾，秩皆中二千石，丞皆千石。」（19上/306b）知中尉丞之秩爲千石。

（二）執金吾候

執金吾候見《漢書》卷十二〈平帝紀〉元始二年條：「遣執金吾候陳茂假以鉦鼓，募汝南、南陽勇敢吏士三百人，諭說江湖賊成重等二百餘人，皆自出送家在所收事。」（12/143b）注引應劭曰：「將帥乃有鉦鼓。今茂官輕兵少，又但往諭曉之耳，所以假鉦鼓者，欲重其威也。」。

史文有關執金吾候僅此一見，應劭謂其「官輕兵少」，兵少若以〈平帝紀〉觀之，固然，然是否執金吾候在京師所分領之兵少則不得而知。按西漢執金吾所領士卒有數萬之眾（詳後），身爲執金吾之佐官，所領士卒或許並不少；其職當掌武備，〔註3〕而非一般行政工作，則所謂兵少之說，亦可商榷。至於是否官輕則似不盡然，按西漢邊地候官類如縣長吏，〔註4〕是邊地候官官並不輕；邊地如此，其爲京師候官，或許官亦不輕。

（三）千　人

千人爲官名，類如西域都護下有千人，屬國都尉下亦有千人，當係掌武備之事，而千人與司馬、候爲並列之官，其職位亦略如前述之執金吾候。

（四）中尉司馬

司馬之官，在西漢諸武備官署中常有，其職掌亦當是武備之事。《史記》

〔註3〕參見陳槃先生，〈『侯』與『射侯』〉一文。
〔註4〕見勞榦先生，〈漢代兵制及漢簡中的兵制〉P.33。

卷一百〈季布傳〉謂季布弟季畜，「灌夫、籍福之屬，嘗爲中司馬，中尉郅都不敢不加禮。」中司馬，《集解》引如淳曰：「中尉之司馬。」（100/1118b）是中尉有司馬屬官。

司馬之官主理武事，中尉司馬雖史文無明載其職掌，然其佐中尉理事則可確知。

（五）中壘令、尉、丞

西漢有關中壘令、尉不見著史文，唯《漢書》卷十九上〈百官表〉中尉條下中壘令，《補注》引沈欽韓援《通典》所述謂：「司馬穰苴五人爲伍，十伍爲隊，一軍凡二百五十隊；餘奇爲握奇，故一軍以三千七百五十人爲奇兵。隊七十有二以爲中壘，守地六千尺，積尺四（十）里以爲中壘，四面乘之，一面得地三百步，此中壘所本。」（19上/306a）《通典》所述爲司馬穰苴兵陣的組成規制，西漢是否也是如此則不得而知，然以漢制多承秦制，秦制又多有採擷六國遺規，而司馬穰苴爲齊國大將，其兵法多爲齊所沿用（見《史記》卷六十四〈司馬穰苴傳〉P.862b）觀之，西漢之中壘組成規制即使不全於司馬穰苴之中壘規制，或有前後相承的關係。故若據司馬穰苴「隊七十有二以爲中壘」比之，則每隊以五十人乘之，可得三千六百人眾，此數目與西漢中壘令所領士卒之數，相去或許不遠。

另前引〈百官表〉謂中壘有兩尉，據陳直《漢書新證》卷一引《封泥考略》，有「中壘右尉」封泥（P.60），此當即中壘兩尉之一；而既有右尉，或亦有左尉，職是之故，中壘兩尉，可能即是中壘左、右尉。至於中壘丞則不見著於史文，其詳情如何，不得而知。

（六）寺互、都船令、丞

一如中壘令、尉，寺互、都船令、丞亦不見著於史文。唯《漢舊儀補遺》卷上有「寺互、都船獄令，主治水官也。」之載。〔註5〕按三輔多有水利措施，寺互與都船或係專職維持這些水利措施的警戒。且漢世制度多有漕運轉輸各地穀糧至京師，以供中都諸官署之用。其間轉運時需有護送的警力以防備意外，寺互、都船所掌當係此職。另都船有獄，獄有獄史。《漢書》卷八十三〈薛

〔註5〕　《漢舊儀》本爲後漢光武帝時議郎衛宏所撰，其《補遺》不見著者，唯該書爲清孫星衍所輯錄。

宣傳〉記宣「少爲廷尉佐、都船獄史。」（83/1472b）《漢書》卷八十六〈王嘉傳〉，記丞相王嘉受詔詣廷尉，「廷尉收嘉丞相新甫候即緩，縛嘉載致都船詔獄。」（86/1510b）前引二傳是都船令有獄，薛宣之爲都船獄史則服事於都船獄。

（七）武庫令、丞

　　武庫乃收放天下兵器的地方，其地介於未央宮與長樂宮之間。〔註6〕漢武帝時戾太子起事即曾「出武庫兵」。〔註7〕哀帝之寵幸董賢，所賞賜亦「及武庫禁兵」。〔註8〕上述所指的「兵」都是藏於武庫的兵器。武庫爲收藏兵器的地方，至於製造兵器的又是另一官署——考工，直屬少府所轄管。《史記》卷一一七〈武安侯傳〉記武安侯爲相時，權移主上，「嘗請考工地益宅。上怒，曰：『君何不遂取武庫』。是後蚡乃退。」（117/1168b）《漢書》卷五十二〈田蚡傳〉略同，注引師古曰：「考工，少府之屬官也，主作器械。」（52/1122a）《續漢・百官志》第二十五衛尉條下：「考工令一人，六百石。本注曰『主作兵器弓弩刀鎧之屬，成則傳執金吾入武庫。』」（25/1343a）是武庫將造好的兵器予以收藏，武庫的長官就負責掌管這些兵器。《續漢・百官志》第二十七執金吾條下：「武庫令一人，六百石。本注曰『主兵器。』」（27/1354a），是後漢承前漢之制，武庫令同爲主管國家兵械的長官。

　　西漢除長安有武庫外，雒陽亦有。《漢書》卷七十四〈魏相傳〉記相爲河

〔註6〕　《史記》卷七十一〈樗里子〉傳：「樗里子卒，葬於渭南章臺之東。……至漢興，長樂宮在其東，未央宮在其西，武庫正直其墓。」（71/927b）另據考古資料，未央宮與長樂宮相距九百五十公尺，武庫即介於其間，武庫爲一長方形的建築，東西各長二百二十公尺，南北各八百公尺；中間有一道牆將武庫隔成東西二大院，東院有四屋，有部分屬官署辦公處；西院有三屋，大部分爲儲存武器之處。依考古復原觀之，儲存兵器最大的武庫長二百三十公尺，寬四十六公尺，又分成四部分，每部分約有一千五百平方公尺，而西漢國家的兵器即儲存其中。（見 WANG ZHONGSHU: Han Civilization, chapter.1, p.5;picture, 2, p.12～14）

〔註7〕　《漢書》卷六十三〈武五子戾太子傳〉（63/1260a）。

〔註8〕　《漢書》卷九十三〈佞幸董賢傳〉（93/1592a）。另《漢書》卷七十七〈母將隆傳〉記隆爲執金吾時，諫止哀帝賜董賢武庫兵，謂：「漢家邊吏，職在距寇，亦賜武庫兵，皆任其事，然後蒙之。……臣請收還武庫。」（77/1433b）是武庫兵器乃國家有兵事時方得發用，貴爲天子亦不能以之賞賜幸臣。其次母將隆官爲執金吾，乃武庫令的直屬長官，其請收還不當發放的武庫兵，亦其職權所在。

南守，治嚴峻，「會丞相車千秋死，先是千秋子爲雒陽武庫令，自見失父而相治郡嚴，恐久獲罪，迺自免去。」（74/1388a）雒陽爲關東樞紐，置武庫以應不時之急，唯雒陽武庫令並不轄於執金吾，而受太守所管，故車千秋之子有去官之舉。此外西漢於邊地似亦有武庫，〔註9〕此因邊地去京師較遠，且易有叛事，故於邊地置武庫，便於使用，唯與執金吾無涉。

前引〈百官表〉，武庫有三丞，據陳直《漢書新證》卷一引《金石索》，有「武庫中丞」印（P.60），此「武庫中丞」當爲武庫三丞之一。

（八）式道左右中候、丞

《漢書》卷六十五〈東方朔傳〉記朔回答武帝所問「朕何如主」時有以「宋萬爲式道候」之語，注引師古曰：「式，表也，表道之候。」（65/1301a）是式道候乃皇帝車駕出時在前預先開道之官。應劭《漢官儀》卷上謂：「式道，左、右（中）凡三，惟車駕出迎。式道持麾王宮，行之乃閉。」（P.25）《續漢·百官志》第二十七執金吾條下所載較爲詳細：「式道左、右、中候三人，六百石，車駕出，掌在前清道。還，持麾至宮門，宮門迺開。中興但一人，又不常置，每出以郎兼式道候，事已罷，不復屬執金吾。」（27/1354a）此爲東漢新制，西漢則爲三候，且當係常置，而其職掌皆同爲先導；之所以分左右中三候主清道持麾，可能與天子所行至時，百姓皆肅然止行有關。按天子行於道上，式道中候主中道前導，左右候則先導以示行人不可前行，且能戒不虞。天子出入除了有中尉屬官的式道三候爲之清道之外，尙有所謂的「先驅」。先驅當係先於式道之前以告知官吏天子將至。《漢書》卷四十〈周亞夫傳〉，文帝至細柳勞軍周亞夫時，「細柳軍軍士吏被甲銳兵刃彀弓弩持滿，天子先驅至不得入。」（40/1008a.b）此先驅即導駕之屬。先驅之外復有「請室令」。〔註10〕應劭《漢官儀》卷上執金吾條下：「靜室令、式道候，秦官。靜宮令，車駕出，在前驅，靜清所徼，車逆日以示重愼也。式道左右凡三，惟車駕出迎。式道持麾王宮，行之乃閉。」〔註11〕（P.25）據此，則式道與靜室爲二官，而《漢

〔註9〕見《漢書》卷十〈成帝紀〉（10/132a.133b.134b），當邊地有亂時，常有攻庫兵之舉。

〔註10〕請室令又作「靜室令」、「清室令」。見《漢書》卷四十八〈賈誼傳〉（48/1078b）。

〔註11〕《漢書·賈誼傳》注引蘇林曰：「胡公《漢官》。……車駕出，有請室令在前先驅。」（48/1078b）查胡廣《漢官解詁》不見有請室令者，蘇林所引當係應劭之《漢官儀》。

官儀》一說靜室令，一說靜宮令，究以何者爲是？考之《漢書》但有靜室令、清室令、請室令；靜、清、請三字形義皆近，疑宮當爲室之譌，當以靜室令爲宜。靜室令所職當係先天子所至之處，爲之清靜整理行在所，以爲安全計。靜室令不見於《漢書·百官表》，應劭《漢官儀》繫於執金吾條下，其意當因靜室令負有警戒之責故。

天子車駕出爲國之重事，諸警備不可不愼，除前述人員外，尚有不少郎官隨從，今試以簡表列之如后：

```
                          式道右候              郎官
        先驅 ── 靜室令 ── 式道中候 ── 郎官 ── 天子車駕 ── 郎官
                          式道左候              郎官
```

（九）左右京輔都尉、丞

都尉一職本爲秦官，原名郡尉，景帝中二年（西元前 148 年）始更名都尉，其職爲掌武備之事，各郡皆有，以爲郡守副貳。西漢三輔都尉則與三輔行政長官無涉，乃直屬於徼循京師的警備長官執金吾。按西漢京畿於行政上屬內史治地，其後於景帝二年（西元前 155 年）分內史爲左右，至於京畿稱三輔，最早見於景帝中六年（西元前 144 年）的詔「三輔舉不如法令者。」〔註12〕其後武帝即位，初年即常出獵，所至之處「馳射鹿豕狐兔，手格熊羆，馳騖禾稼稻秔之地，民皆號呼罵詈。」〔註13〕武帝爲了避免經常踐踏鄠杜人民莊稼，打算將所獵之地劃爲上林苑，下詔「中尉、左右內史表屬縣草田欲以償鄠杜之民。」，〔註14〕當時東方朔適在帝旁，隨即諫止，其中有「弋獵之處，恐其不廣也。如天不爲變，則三輔之地盡可以爲苑，何必螯屋、鄠杜乎？」之語。注引師古曰：「中尉及左右內史則爲三輔矣，非必謂京兆、馮翊、扶風也。」〔註15〕觀前述武帝下詔中尉、左右內史表屬縣草田以償鄠杜之，則中尉、左右內史於其時各

〔註12〕關於景帝此詔之三輔，顏師古以爲乃主爵中尉、左右內史。《補注》引全祖望以爲或是分右內史之地以屬中尉與左右內史共治京師，全氏並引後來武帝初營上林詔中尉、左右內史表屬縣草田以償鄠杜人民，謂三者並治京師，已隱然分三輔。王先謙支持此說。（5/82b）不論三輔在景帝時究屬何者，皆與武帝後來所置三輔當有傳承關係，唯行政區分正名三輔，則在武帝時。

〔註13〕《漢書》卷六十五〈東方朔傳〉（65/1296b）。

〔註14〕同上（65/1297a）。

〔註15〕同註14。

有轄縣；其名三輔，當係共治京師，同爲輔拱，故有三輔之名，至於〈百官表〉上太初元年之定三輔長官（京兆尹、左馮翊、右扶風）當係就行政權重新制定的關係。此行政上的三輔長官與武備上的三輔都尉無涉，三輔都尉之設據〈百官表〉繫年於元鼎四年（西元前 113 年），實際上可能早於此（見前章第二節、乙）。

三輔都尉各有治所：

（1）京輔都尉治華陰。京輔都尉治所不見於《漢書·地理志》，唯《漢書》卷二十八上〈地理志〉京兆尹治下華陰縣條，王先謙引全祖望曰：「當有『京輔都尉』治所五字，傳寫奪之。」（28 上/671a）《漢書》卷八〈宣帝本紀〉記本始元年（西元前 73 年）封定策諸大臣中有「京輔都尉廣漢」，注引師古曰：「趙廣漢也。三輔郡皆有都尉如諸郡……京輔都尉治華陰灌北。」（8/110b）《三輔黃圖》卷一亦云：「中輔理華陰。」〔註16〕

（2）左輔都尉治高陵。《漢書》卷二十八上〈地理志〉左馮翊治下高陵縣條書「左輔都尉治」（28 上/672b）。《三輔黃圖》卷一亦云：「左輔理高陵。」〔註17〕

（3）右輔都尉治郿。《漢書》卷二十八上〈地理志〉右扶風治下郿縣條書「右輔都尉治」（28 上/677a）。《三輔黃圖》卷一亦云：「右輔治郿。」〔註18〕

三輔都尉各有治所，亦各有轄管的區域，分則爲三，合則爲一。所謂分則爲三者乃各爲三輔的警備長官，合則爲一者則皆隸屬於執金吾；在權責上爲分地自理，在統屬上則三輔都尉皆直承同一主管。三輔都尉但主其地警備，逾界似不能越權，此不見於史文，然《漢書》卷七十六〈趙廣漢傳〉記廣漢爲京兆尹時京兆政清，長老誦爲漢興治長安第一人。縱然如此，其所能治亦僅止於所轄之京兆，至於馮翊、扶風則不能逾權，所以當時犯法者「從迹喜過京兆界」，廣漢於是有不能「兼治三輔」之嘆。三輔長官主一地大政，情形如此；至於主理警備的三輔都尉或亦如此。另《漢書》卷七十六〈王尊傳〉記王鳳薦尊，「徵爲諫大夫守京輔都尉行京兆尹事，旬月間（南山）盜賊清。」（76/1423b）此事王尊係以守京輔都尉行京兆尹事，其所轄理亦京兆一地的治

〔註16〕陳直校《三輔黃圖校證》卷一 P.4。《黃圖》所云中輔即京輔之謂。按三輔的行政長官的治所皆在長安城中，故知此處所言「中輔理華陰」，即指中輔都尉治所爲華陰縣。

〔註17〕同上。

〔註18〕同上。

安。

　三輔都尉亦有隨詔而共擊反者。《史記》卷一百二十二〈酷吏王溫舒舒〉傳記溫舒死後，盜賊數起，「天子使御史中丞、丞相長史督之，猶弗能禁也。乃使光祿大夫范昆，諸輔都尉及故九卿張德等，衣繡衣，持節、虎符發兵以興擊。」〔註19〕（122/1302b）

　執金吾官署的組織與個別職掌大致如上所述，至於執金吾所轄的兵卒來源、員額及前後期兵卒分掌情形，今試分述於後。

二、兵卒來源、員額及兵卒分掌之分期

（一）兵卒來源為畿輔郡縣的材官騎士

　執金吾之兵卒為正卒。按《漢書》無兵志，唯《刑法志》中有一些關於兵事的資料。《漢書》卷二十三〈刑法志〉：

> 漢興。……天下既定，踵秦而置材官於郡國，京師有南北軍之屯。
> 至武帝平百粵，內增七校，外有樓船，皆歲時講肄，修武備云。
> （23/502b～503a）

應劭《漢官儀》卷上：

> 民年二十三為正，一歲以為衛士，一歲為材官騎士，習射御騎馳戰陣。（P.31）

關於衛士，見後「衛尉」章。西漢人民服兵役除了服皇（王）宮宿衛及諸離宮寢園並中都諸官署的衛士外，〔註20〕尚需服一般兵役一年，依各地區的自然環境而有個別專長的兵科；如邊郡多騎士，中原地區多材官，江淮以南則多樓船士。〔註21〕兵科雖有別，但同為正卒則無分。〈刑法志〉所謂「踵秦而置材官於郡國，京師有南北軍之屯」，將南北軍與材官並舉，是南北軍亦係一般正卒，且一如郡國的材官騎士，「皆歲時講肄」。關於南北軍，自宋錢文子以下如元馬端臨的《文獻通考》，清俞正燮的《癸巳彙稿》，清陳樹鏞的《漢官答問》，以至近人賀昌群先生的〈漢南北軍考〉，皆謂北軍掌於中尉，南軍掌於衛尉；且似已成

〔註19〕《漢書》所載與《史記》略異。《漢書》卷九十〈酷吏咸宣傳〉，「諸輔都尉」作「諸部都尉」（90/1568b）。
〔註20〕西漢王國及役男子中的衛士一歲，只服所屬王國的宮衛，不在入京宿衛之列。
〔註21〕錢文子《補漢兵志》P.11。

一般通論。〔註22〕若據此，則執金吾的兵卒即爲一般的正卒。

執金吾的兵卒來源當是京畿三輔的材官騎士。西漢各郡國男子到了及役年齡，皆有定制的役期，王國人除了宿衛王國宮殿外，不需要至京宿衛。《漢書》卷四十八〈賈誼傳〉：

> 今淮南地遠者或數千里，越兩諸侯而縣屬於漢（師古曰：「兩諸侯梁
> 及淮陽。」）。其吏民繇役往來長安者，自悉而補；中道衣敝，錢用
> 諸費稱此，其苦屬漢而欲得王至甚，逋逃而歸諸侯者不少矣。
> （48/1079b～1080a）

賈誼所言乃漢廷所直領的一般郡縣人民，不包括一般的諸侯王國，而郡縣人民逃歸諸侯王，其目的也是爲了避免長途服役於漢廷，這種情況並非孤立的現象，當爲當時普遍的實情。〔註23〕王國之外的一般郡縣及役男子，有事則奉調出征，無事則在所屬郡縣依各兵科接受訓練、課校。此外則或至京宿衛或至邊戍守，年限皆爲一年。應劭《漢官儀》卷上謂：「八月，太守都尉令長丞會都試，課殿最。」（P.31）所指的即是一般郡縣及役男子接受軍事訓練後的課校工作。一般郡縣如此，至於畿輔郡縣或亦如此。按畿輔郡縣之及役男子亦須服正卒的兵役，而執金吾正是主領畿輔郡的警備長官，則其兵卒當即是來自畿輔郡縣的材官騎士。

（二）其兵卒員額或有數萬之衆

《漢書》卷一下〈高帝紀〉十一年條記高祖親擊英布時，以太子留守長安，爲了皇室與太子的安全，「乃發上郡、北地、隴西車騎，巴蜀材官及中尉卒三萬人爲皇太子衛，軍霸上。」（1下/56a）此處三萬若爲總計之數，則中尉卒自是不足三萬，然其數量或亦不少。按當時局勢，邊郡所能出的車騎數目不會太多，另巴蜀地近漢中，漢中本爲交戰之區，早在楚漢之際，蕭何即曾發關中、巴蜀地老弱諸兵，可知當時丁壯幾已徵發殆盡。自楚漢相爭至高祖

〔註22〕關於南北軍，牽涉甚廣，歷來諸家皆持是說，本文不贅。

〔註23〕西漢有諸王國人不得仕於漢廷的限制，武帝後復有左官之律；乍看之下，似乎王國人所受的出仕限制大於一般郡縣之民。然觀《漢書》列傳，王國人仕於朝廷者又不乏其人，是其制並沒有特別嚴格的施行。至於左官之律雖針對一般人民而設，以防杜人民依附諸侯王，確保人力征調的不虞匱乏，然而類如賈誼傳中所言郡縣人民逃歸諸侯王的情形，在西漢必不在少數；畢竟越遠地以服役，其所費與不便自是較之服役於所屬王國來得繁煩。

十一年，數年之間，巴蜀人口之增不可能太多；由此可見高祖十一年所調發的巴蜀材官也不可能太多，故愚意以爲三萬之數縱非全爲中尉卒，然去三萬或亦不遠。此外，武帝元鼎五年秋九月，西羌十萬人與匈奴通反，武帝曾於次年冬十月「發隴西、天水、安定騎士及中尉、河南、河內卒十萬人，遣將軍李息、郎中令（徐）自爲征西羌。」〔註24〕此十萬人亦不知是上述各地兵卒的總數，抑或只是中尉、河南、河內卒之數，史文不詳，不能斷言，然若以前述高祖十一年事觀之，其數量或不在少數。

（三）兵卒分掌的分期自武帝置三輔都尉始

前述執金吾屬官各有所職掌，既是各有專職，當各有部分兵卒，即畿輔郡縣的正卒徵詣執金吾後，再分派到各分職部門，只是在武帝置三輔都尉之前，大部分兵卒係由執金吾所主領。三輔都尉的設置已見前，今但據《漢書》卷十九上〈百官表〉以元鼎四年（西元前113年）爲設置年代。〈百官表〉內史條下：「元鼎四年，更置三輔都尉，〔註25〕都尉、丞各一人。」（19上/308a）同卷中尉條下：「左右京輔都尉、丞、兵卒皆屬（中尉）焉。」（19上/306b）則三輔都尉的兵卒當是來自於徵詣執金吾的畿輔郡縣正卒。三輔都尉皆有各自統轄的兵卒，負責所轄區域的警備治安，換言之，即原屬於執金吾統轄主理的京畿警備，在武帝元鼎四年重新作了一次安排；三輔都尉的設置就是因應這種分權分職的安排所產生的。執金吾原先統領的兵卒經這次編制後，大部分兵卒分隸於三輔都尉，本身所直領的員額因而減少許多。關於改編後執金吾的員額《漢書》沒有記載，唯《續漢·百官志》第二十七執金吾條所載或有助理解：

> 執金吾一人，中二千石。本注曰：「掌宮外，戒司非常水火之事，月三繞行宮外及主兵器。吾，猶禦也」。丞一人，比千石。緹騎二百人。
> 本注曰：「無秩，比吏食奉」。（27/1354a）

上引資料爲東漢時制，其所言執金吾但領緹騎二百人，而眾所周知光武未起事前曾有「仕宦當作執金吾」的羨嘆，則執金吾在新莽時出行陣容依然甚爲壯盛，或不只緹騎二百人。應劭《漢官儀》所記人數顯然就多了許多。《漢官

〔註24〕《漢書》卷六〈武帝紀〉（6/94b）
〔註25〕《漢書》卷十九上〈百官表〉「三」作「二」。《補注》王先謙曰：「官本二作三。」今依王說（19上/308b）

儀》卷上：

> 執金吾，緹騎二百人，持戟五百二十人，車駕出，從六百騎，走六
> 千二百人也。（P.25）

《漢官儀》與《續漢・百官志》所載有很大的差距，今以執金吾的任務為「徼
循京師」（《漢書・百官表》）與「掌宮外，戒司非常水火之事」（《續漢・百官
志》）二事合併觀之，緹騎與持戟共七百二十人，此或係逐捕犯法與徼循之用，
另從騎、走卒共六千八百人或為「戒司非常水火之事」之用。〔註 26〕上述推
測若能成立，則執金吾所直轄的員額，在武帝元鼎四年設置三輔都尉後最多
只剩七千餘人。

三、執金吾的職掌 〔註 27〕

（一）常制性 （固定） 的職掌

1. 執典禁兵，禁戒盜賊及戒司非常水火之事

前引《漢書・百官表》中尉條謂其「掌徼循京師」，注引如淳曰：「所謂
遊徼徼循，禁備盜賊也。」（19 上/306a）王隆《漢官解詁》謂：「執金吾，執
典禁兵。」注胡廣曰：「衛尉巡行宮中，則金吾徼于外，相為表裡，以擒姦討
猾。」〔註 28〕執金吾與衛尉互為表裡，以警戒宮城內外的安全。錢文子所謂
的「聯事」，即指聯合共同擒討姦猾。〔註 29〕至於督擒盜賊一事，衛宏《漢官
舊儀》謂：「宮司馬諸隊都候領督盜賊，屬執金吾。」〔註 30〕查《漢書・百官
表》執金吾屬官並沒有宮司馬都候；以衛尉所掌乃「宮門衛屯兵」觀之，當
屬衛尉。《漢官舊儀》所謂屬執金吾，或係指當「督盜賊」時，權宜上暫歸執
金吾轄領，此為指揮之便。執金吾除禁戒盜賊之外，若有反者，亦當逐捕。《漢
書》卷六十八〈霍光傳〉記光死後，有「長安男子張章告霍氏欲反，事下廷
尉。執金吾捕張赦、石夏等，後有詔勿捕。」（68/1330b）長安為京畿之地，
故有反者，其逐捕亦屬執金吾之責。其次則中都大臣有罪，亦責付執金吾前

〔註 26〕此處所言，僅係個人之推論，史料不明，不能視為定論。
〔註 27〕此處之執金吾，乃指列卿之執金吾，非泛指官署。
〔註 28〕王隆《漢官解詁》P.6。
〔註 29〕錢文子《補漢兵志》P.6。
〔註 30〕衛宏《漢舊儀》P.4。

往督圍。《漢書》卷七十八〈蕭望之傳〉記石顯奏詔望之,奏可之後「顯等封以付謁者,敕令召望之手付,因令太常急發執金吾車騎馳圍其第。」(78/1441b)此事經由太常發執金吾車騎往圍蕭望之宅第,是因為其時蕭望之居杜陵,行政區屬太常,警備則仍屬執金吾,因此石顯才令太常發執金吾往圍,此是行政上的手續問題,至於督圍有罪未議的大臣乃執金吾的權責。至於戒司非常水火之事,當係凡盜賊、水災、火災之發生於京畿者,執金吾皆需前往督理,此事《漢書·百官表》不載,史文亦不見證據,唯《續漢·百官志》第二十七執金吾條下有載,不知何故,然既言非常之事,想係兩漢同制。

2. 訊問治獄

前述哀帝時丞相王嘉受縛載致都船詔獄,是執金吾有治獄之職,王隆《漢官舊儀》亦謂執金吾等警備機構「奉宿衛,各領其屬,斷其獄」(P.5),亦明言執金吾有治獄之職責。執金吾之治獄或有分對內與對外,對內者指治其本官署之獄,對外者則本官署之外者;執金吾對內治獄事不見著史文,對外則有。執金吾治獄對外最早見於景帝時,景帝中二年(西元前 148 年)廢太子臨江王劉榮因坐侵太宗(文帝)廟地,而徵詣中尉府自殺。〔註31〕《漢書》卷五十三〈景十三王臨江王劉榮傳〉作「詣中尉府對簿,中尉郅都簿責訊問王,王恐自殺。」(53/1132b)是執金吾有訊問之職。

其次有驗問之責。元朔五年(西元前 124 年)淮南王郎中雷被至長安上書言淮南王有異心,漢公卿請逮捕治王。「上不許公卿,而遣漢中尉(殷)宏即訊驗王。」〔註32〕元狩元年(西元前 122 年)衡山王反,朝廷即「遣中尉(司馬)安、大行(李)息即訊問王。」〔註33〕淮南王劉安及其弟衡山王劉賜之反事,漢廷皆於事前先遣中尉前往訊問,雖非徵詣京師,然執金吾(中尉)負有訊問諸侯王之職則甚明。

(二)臨時派遣

1. 發兵屯衛

《漢書》卷一下〈高帝紀〉,十一年(西元前 196 年)秋淮南王英布反,

〔註31〕《漢書》卷五〈景帝紀〉(5/81b),另見《漢書》卷二十七上〈五行志〉(27
上/605a)。
〔註32〕《漢書》卷四十四〈淮南王安博〉(44/1038b)。
〔註33〕同上〈衡山王劉賜傳〉(44/1041b)。

高祖往征，曾「發上郡、北地、隴西車騎，巴蜀材官及中尉卒三萬人爲皇太子衛，軍霸上。」（1 下/56a）《漢書》卷四〈文帝紀〉，三年（西元前 177 年）五月，匈奴入居北地、河南爲寇，文帝幸甘泉，「發中尉材官屬衛將軍，軍長安。」（4/73a）同卷十四年（西元前 166 年）冬，匈奴寇邊，以「中尉周舍爲衛將軍，郎中令張武爲車騎將軍，軍渭北；車千乘，騎卒十萬人。」〔註 34〕（4/75a）《漢書》卷二十七中之下〈五行志〉，景帝中三年（西元前 147 年）秋，匈奴寇邊，以「中尉不害將車騎、材官屯高柳。」（27 中之下/635b）。凡此皆爲警備京畿安全而特爲發兵屯衛，事已即罷。

2. 征伐四夷

執金吾的另一重要臨時派遣爲征伐四夷。征伐四夷之舉，武帝之前不見於史文，即使有屯衛的臨時派遣，也都在京畿附近，至武帝廣開四境後，始有執兵吾率兵出征，然而爲數並不多。《漢書》卷六〈武帝紀〉，元鼎六年（西元前 111 年）秋，東越王餘善反，「遣中尉王溫舒出會稽，樓船將軍楊僕出豫章擊之。」〔註 35〕（6/95a）武帝時中尉統兵征伐四夷僅此一見，昭帝時亦有一見。《漢書》卷七〈昭帝紀〉，元鳳元年（西元前 80 年）三月，武都氐人反，「遣執金吾馬適建」將兵擊之。（7/106b）執金吾率兵征伐四夷僅此二次，其爲臨時派遣甚明。

〔註 34〕另據《漢書》卷九十四上〈匈奴傳〉，「軍渭北」作「軍長安旁以備胡寇。」（94 上/1601a）

〔註 35〕《漢書》卷九十五〈西南夷兩粵朝鮮傳〉，豫章作梅嶺（95/1633a）。此次擊東越，除了中尉王溫舒及樓船將軍楊僕外，尚有橫海將軍韓說及戈船、下瀨將軍（95/1633a）。另元鼎六年（西元前 111 年）冬十月，曾「發隴西、天水、安定騎士及中尉、河南、河內卒十萬人，遣將軍李息、郎中令徐自爲征西羌。」見《漢書》卷六〈武帝紀〉（6/94b）。此次不見中尉率兵出擊，當僅係發中尉卒出征，至於中尉則不與其事。

第三章 城衛──城門校尉與八校尉

《漢書》卷十九上〈百官表〉城門校尉暨中壘以下八校尉條：

> 城門校尉，掌京師城門屯兵，有司馬、十二城門候。中壘校尉，掌
> 北軍壘門內，外掌西域。屯騎校尉，掌騎士。步兵校尉，掌上林苑
> 門屯兵。越騎校尉，掌越騎。長水校尉，掌長水、宣曲胡騎。又有
> 胡騎校尉，掌池陽胡騎，不常置。射聲校尉，掌待詔射聲士。虎賁
> 校尉，掌輕車。凡八校尉，皆武帝初置，有丞、司馬（19 上/308b,309a）。

一、城門校尉

城門校尉之設在武帝晚年。西漢京畿的治安本屬於執金吾（見前章），執金吾不僅負責「徼循京師」，同時也負責長安城的城衛，[註1] 城門以執金吾的兵卒守衛，不再另置屯兵；至武帝征和二年（西元前 91 年）衛太子兵敗逃亡，以及皇后自殺後，始「初置城門屯兵」（《漢》6/102a）。既言初置，可知長安城門原先並不置屯兵，只有守城兵卒，負責城門開閉而已，因此當衛太子與丞相劉屈氂戰於長安時，勒守城門的是丞相司直田仁。《漢書》卷三十七〈田仁傳〉謂：「仁，……遷（丞相）司直。數歲，戾太子舉兵，仁部閉城門，令太子得亡，坐縱反者，族。」[註2] 注引師古曰：「遣仁掌閉城門，乃令太子得出，故云縱

〔註 1〕 城衛指長安諸城門的警衛。三輔材官既服役於京師，受執金吾所轄管，則長
　　　　安城的屯衛當屬執金吾所領的正卒，此當為城門校尉設置後大部分時間的情
　　　　形，其後則有以東方卒守城門，唯其時已較晚。見《漢書》卷九十九下〈王
　　　　莽傳〉（99 下/1757b）。
〔註 2〕 據〈田仁傳〉，田仁部城門兵在為丞相司直數歲之後。或謂仁於兵變時是否仍

反也。」（37/982b）田仁以丞相司直全權掌守各城門，以防備太子出亡，可知是臨時派遣性質。然而何以以丞相司直統領城門？按征和元年（西元前 92 年）武帝行幸建章宮，次年秋七月至甘泉，長安城中由丞相坐鎮，而太子兵變事起匆促，丞相統領城中留守的兵力與太子力戰，倉促之間無暇分派它官領城門兵，故權以司直爲之。或曰：長安諸城門既屬執金吾，何不責成執金吾統領，或統由守城的執金吾屬官主領？答曰：兵變既起，則京畿治安豈可輕忽，執金吾自需加強徼循備不虞，若將城門委由執金吾，勢必分散執金吾力量，此其一。守長安城門的執金吾屬官爲何雖不可知，然以前述但有兵卒負責啓閉城門觀之，其官職必不大，而兵變當中，勒守十二城門非小事，若委由低下的執金吾屬官爲之，不易號眾。此其二。事變一起，變數甚大，爲防突變，以自己的直屬部下領十二城門，後顧之憂相對的會較少，此其三。丞相雖坐鎮京城，然而是否丞相可調動執金吾的武備尚不得而知，此其四。綜合上述四因，丞相以其屬官丞相司直主領城門兵是可以理解的。

（一）官署組織

城門校尉但掌京師十二城門，其官署組織亦較爲單純，但有城門司馬與十二城門候。

1. 城門司馬

城門司馬不見著於史文。《續漢·百官志》第二十七城門校尉條謂：「城門校尉一人，比二千石。本注曰『掌雒陽城門十二所』。司馬一人，千石。本注曰『主兵』。」（27/1356a.b）東漢都雒陽，東漢城門校尉「掌雒陽城門十二所」，正如西漢城門校尉「掌京師城門屯兵」。兩漢所都之地雖有不同，然而其主管城門警備的長官當無甚差異；其長官如此，則其主要佐官之城門司馬亦當同制，〈續百官志〉言司馬「主兵」，即是佐城門校尉掌理武備之事。司馬既是校尉的主要佐官，故其秩亦高至千石。

2. 十二城門候

西漢長安城計有十二城門。〔註3〕《三輔黃圖》引《三輔決錄》云：「長

爲丞相司直？考《漢書》卷六〈武帝紀〉征和二年（西元前 91）條下：「司直田仁坐失縱，要斬。」（6/120a）知兵變時田仁仍爲丞相司直。
〔註3〕長安十二城門計東面三門：宣平、清明、霸城，南面三門：覆盎（武帝衛太子即由此門出亡）、安、西安；西面三門：章城、直城、雍，北面三門：橫、

安城，面三門，四面十二門，皆通達九達。」〔註4〕十二城門每門設門候一人。前引《續漢・百官志》謂：「每門候一人，六百石。」（27/1356b）是門候乃中下級官吏，其職則主候時、謹啓閉。《漢書》卷六十六〈蔡義傳〉：「義。……以明經給事大將軍幕府。……數遷，補覆盎城門候。」注引師古曰：「門候，主候時而開閉也。」〔註5〕（66/1312a）

（二）兵卒來源及員額

城門校尉始置之初，兵卒來源為三輔正卒，此因城門校尉的職權分自執金吾，故其兵卒亦分自執金吾，西漢末至新莽時則有東方戍卒。按西漢東方卒有戍守中都官署的規制。《漢書》卷七十四〈魏相傳〉記相為河南太守，後「人有告相賊殺不辜，事下有司。河南卒戍中都官者二、三千人遮大將軍，自言願復留作一年，以贖太守罪。」（74/1388a）勞貞一先生謂：「中都官當包括衛尉所屬的宮中衛士，和太常所屬的宗廟陵寢衛士，及長樂建章等宮衛而言。因為執金吾的北軍，城門校尉的城門兵另有來源，當然不在此數目之內。」〔註6〕勞先生所謂的「城門兵另有來源」所據為何以及來自何處，並沒有說明，然而顯然勞先生認為不來自東方卒則甚明；其實勞先生此語當係西漢大部分時期的情形，然卻非終西漢之世皆如此，至少新莽時已啓用東方人為城門卒。《漢書》卷九十九下〈王莽傳〉謂：「地皇四年（西元23）長安旁兵四會城下。……或謂莽曰：『城門卒，東方人，不可信』。莽更發越騎士為衛，門置六百人，各一校尉。」（99下/1757b）此事雖已是新莽時事，然此為正式見於史文者，其或有早於此者。

其員額或可多至數千人。前引王莽發越騎士為城門衛，每門有六百人之眾，各以一校尉主領，〔註7〕此事在兵事之時，為防不虞，可能加派人手以守

廚城、洛城。（以上諸門以順時針為序）見前引 WANG ZHONGSHU 書 P.2.Picture.2。

〔註4〕陳直，《三輔黃圖校證》卷一 P.27。

〔註5〕〈蔡義傳〉所載為長安十二城門候之候，至於其它宮苑亦有門候。《漢書》卷七十八〈蕭望之傳〉，謂望之「署小苑東門候。」（78/1436b）其職當同為「候時而開閉」。

〔註6〕氏著，〈漢代兵制及漢簡中的兵制〉P.36。

〔註7〕平帝崩後，翟義起事東郡，王莽發七將軍往擊，中有「春王城門校尉王況為震威將軍。」注引師古曰：「春王，長安城東出北頭第一門也，本名宣平門，莽更改焉。」《補注》王先謙曰：「胡注漢城門校尉掌十二城門，觀此，則莽

城門，故可多至七千餘人，若是平常時或許沒有這麼多。另者據前引〈王莽傳〉，莽更發越騎士為衛，且門各六百人，是越騎士至少有七千餘人，同為京師警備的同級機構，城門校尉或亦有此數。

二、中壘、屯騎、步兵、射聲、虎賁校尉

《漢書》卷二十三〈刑法志〉謂：「漢興。……踵秦而置材官於郡國，京師有南北軍之屯。」（23/502b～503a）是漢初京師尚未有八校尉之置。八校尉至武帝時始有，故《漢書》卷十九上〈百官表〉謂八校尉「皆武帝初置」（19上/309a）。八校尉中除了越騎、胡騎、長水三校尉為武帝征伐四夷後編置所歸降的胡、越人之外，一般咸信中壘、屯騎、步兵、虎賁、射聲五校尉，乃由北軍加以改編而成的。〔註8〕

（一）中壘校尉

《漢書》卷十九上〈百官表〉：「中壘校尉掌北軍壘門內，外掌西域。」《補注》引王念孫謂西域為四城之筆誤（19上/308b），今從王說。中壘校尉似另有所掌，據孫星衍所輯《漢舊儀補遺》卷上謂：「中壘校尉，主北軍壘門內，尉一人，主上書者獄。上章於公車，有不如法者，以付北軍尉，北軍尉以法治之。」（P.24）漢世上章事屬公車令，若上章不如法制，〔註9〕則交付北軍，北軍尉得以法治之。《漢書》卷三十六〈劉向傳〉謂：「章交公車、人滿北軍」（36/968b），正是上章過於眾多雜亂，且多有不如法制者，故公車令將之交付北軍尉處理。

中壘校尉屬官據《漢書·百官表》有丞、司馬，唯據史文，似乎還有所謂的軍正。〔註10〕《漢書》卷六十七〈胡建傳〉謂：「胡建，……孝武天漢中，

更改官名，十二城門各置城門校尉。」同〈傳〉，其後王莽復命七將軍勒兵自備，中有「城門校尉趙恢為城門將軍。」（《漢書》卷八十四〈翟義傳〉84/1484a.b）據此，是十二城門各有校尉，而原來的城門校尉亦保留；蓋是十二城門雖各有校尉，然仍統於城門校尉。

〔註8〕見孫毓棠，〈西漢的兵制〉P.36，勞榦，〈論漢代的衛尉與中尉兼論南北軍制度〉。後文謂中壘、步兵、虎賁、屯騎為分自北軍（中尉），射聲則為待詔，來自選拔的職業兵。P.459。

〔註9〕《漢書》卷三十六〈劉向傳〉記向上書謂：「章交公車，人滿北軍。」《補注》引沈欽韓曰：「《東觀漢記》：『舊制上書以青布囊、素裡封書，不中式不得上。既上，詣北軍待報。』」（36/968b）

〔註10〕關於軍正，當係軍中的執法官，地位高且相當獨立，不僅南北軍有軍正，將

守軍正丞。」注引師古曰：「南北軍各有正，正又置丞。」（67/1315b）是軍正
丞為軍正的副貳。南北軍有軍正，此係執法官吏，〈百官表〉未載是官。另據
前引〈胡建傳〉，胡建以軍法斬穿北軍壘垣以為賈區的監軍御史後上書言於武
帝謂：「臣謹軍法曰：『正亡屬將軍，將軍有罪以聞，二千石以下行法焉』。」
《補注》引沈欽韓曰：「軍法，乃漢南北軍制也。」（69/1316a）此處但言軍正
不屬於將軍，未言不屬中壘校尉，以胡建斬監軍御史一事觀之，監軍御史遭
斬顯然是因為「穿北軍壘垣以為賈區」觸犯了軍法，以權責上來說，此事當
歸中壘校尉處理（中壘校尉掌北軍壘門內），不當由它官逾權，而軍正丞得以
軍法斬之，且武帝並無責言，或許北軍軍正、軍正丞有可能屬中壘校尉所領
轄（此但為個人推論）。至於司馬一官，不見著於史文，按司馬於漢率為武吏，
中壘校尉的司馬當係佐助軍事的佐官。

中壘校尉掌北軍壘門內，外掌四城，有常置的兵卒。或謂中壘校尉不領兵，
似非確言。《漢書》卷二十三〈刑法志〉：「漢興，……天下既定，蹠秦而置材官
於郡國。京師有南北軍之屯。至武帝平百粵，內增七校。」注引晉灼曰：「〈百
官表〉：中壘、屯騎、步兵、越騎、長水、胡騎、射聲、虎賁凡八校尉；胡騎不
常置，故此言七也。」《補注》引沈欽韓曰：「中壘校尉掌北軍壘門，又掌西域，
不領兵，故但言七校。晉灼言胡騎不常置，故七；此是在後之制，非武帝制也。」
（23/502b～503a）前引晉、韓二說各得部分真實。按中壘校尉本由執金吾的中
壘令轉化而來，〔註11〕為原有的編制，名稱但稍稍有異，然非「增置」可知。
其次，中壘校尉為八校尉之一，守北軍壘門，其領兵當無可疑。《漢書》卷六十
八〈霍光傳〉謂：「（光薨，上發）黃屋左纛，發材官輕車，北軍五校士（以送
其葬）。」《補注》王先謙曰：「〈百官表〉：虎賁校尉掌輕車，中壘校尉掌北軍壘
門內外。〈續志〉：中興省中壘，但置（北軍）中候，以監五營。據此知西京北
軍亦止五營。五校即五營。」（68/1328b）此顯係據〈續漢志〉而言西漢事，不
能遽視西漢制度已如此，至於其詳情如何不得而知，可知者至遲宣帝時中壘校
尉已領五營，唯此五營是否即〈續漢志〉北軍中候所監領之五營則不得而知。《漢
書》卷六十九〈趙充國傳〉記神爵元年（西元前61年）西羌反，「虜並出絕轉
道，趙卬以聞。有詔：八校尉與驍騎都尉、金城太守合疏捕山間虜。」（69/1377a）

軍亦有。詳見廖伯源師，〈試論漢初功臣列侯及昭宣以後諸將軍之政治地位〉。
收錄於《徐復觀先生紀念文集》〔註14〕P.140～141。
〔註11〕前引孫毓棠，〈西漢的兵制〉P.36。

是八校尉之一的中壘校尉有領兵。《漢書》卷九十九中〈王莽傳〉：「地皇二年（西元 21 年），感高廟神靈，遣虎賁武士入高廟。……令輕車校尉居其中，又令中軍北壘居高寢。」注引師古曰：「徙北軍之兵士於高廟寢中屯居也。」《補注》王先謙曰：「〈百官表〉：中壘校尉掌北軍壘門內外。此當作北軍中壘。」（99 中/1751a）同卷下，地皇三年，國將哀章謂莽曰：「大司馬董忠養士習射中軍北壘。」《補注》王先謙曰：「亦作北軍中壘。」（99 中/1754a）上述史實足證中壘校尉終西漢之世，乃至於王莽時皆領兵，並非如沈欽韓所說的「不領兵」。其次，綜合上述，武帝所「內增」的七校中中壘校尉似不包括在裡面；然則何以〈百官表〉謂八校尉皆武帝所「初置」？愚意以為此當係武帝之前但有中壘令而無中壘校尉，既言八校尉，乃包括轉化自中壘令的中壘校尉，中壘校尉為武帝所改制，故〈百官表〉但書「初置」；實則武帝所真正初置的是中壘以外的七校，故《漢書‧刑法志》謂：「至武帝平百粵，內增七校。」實際上比〈百官表〉更近於事實，因為屯騎、步兵、虎賁乃分自於北軍；射聲則是徵調天下善射士組成，是為職業兵，真正「初置」的當只越騎、胡騎及長水三校尉（皆詳後）。

復次，據前引〈胡建傳〉，監軍御史穿北軍壘垣以為賈區，今以考古資料顯示，長安城的中央及南方為宮殿區，一般人民不易親近。至於所謂「長安九市」為長安城的交易區，其位置則在長安城內的西北邊，監軍御史所穿的北軍壘垣當即介於宮殿區（桂宮、北宮）與九市之間，因此中壘校尉的駐地當在此。〔註12〕

（二）屯騎、步兵、射聲、虎賁校尉

《漢書》卷十九上〈百官表〉：

> 屯騎校尉，掌騎士。步兵校尉，掌上林苑門屯兵。……射聲校尉，掌待詔射聲士。虎賁校尉，掌輕車。（19 上/308b～309a）

《續漢‧百官志》第二十七：

> 屯騎校尉，……本注曰「掌宿衛兵」。步兵校尉，……本注曰「掌宿衛兵」。射聲校尉，……本注曰「掌宿衛兵」。……虎賁主輕車，并射聲。（27/1356b～1357a）

凡上述四校射皆掌宿衛兵，四校尉各以所領之兵種分戍京城附近，且職責上

〔註12〕見前引 WANG ZHONGSHU 書，Chapter,1 p.6 Picture. 11.

亦劃分清楚，並有各自的屯地；故錢文子《補漢兵志》謂：「武帝時有諸校尉，則常屯矣。」（P.31）

1. 屯騎校尉。屯騎校尉掌騎士，此騎士爲北軍騎士，分職後以一校尉主領。《漢書》卷八十九〈黃霸傳〉謂霸「發騎士詣北軍，馬不適士，劾乏軍興。」（89/1558b）黃霸時爲守京兆尹，而三輔本有騎士，〔註13〕黃霸發京兆騎士詣北軍，因「馬不適士」而被劾乏軍興的罪名，此或係所發的騎士與所發的馬數不合。這些發自三輔的騎士與馬匹詣北軍後，或歸屯騎校尉所掌。〔註14〕騎士爲機動兵種，《續漢·百官志》謂其爲「宿衞兵」，則其爲機動衞隊甚明；至於其屯駐之地，史文無著，以其原屬北軍，復爲宿衞部隊觀之，當係駐紮在長安城周邊。

2. 步兵校尉。步兵校尉所掌的兵卒爲原屬北軍的部分步兵，分職後亦直領於一校尉。步兵校尉亦負責警備宿衞，其守衞區域爲上林苑諸門戶。按長安城四週城門有城門校尉的城門卒守衞（衞太子兵變前屬執金吾），宮門則有衞尉的衞士主守，殿門則有光祿勳諸郎官主守；至於皇室經常幸遊的上林苑諸門戶則由步兵校尉主領。〔註15〕上林苑的範圍甚廣，其出入的苑圍門戶爲數不少，這些門戶的警備在未分設步兵校尉之前，當屬執金吾所領的士卒負責，分職後則委由步兵校尉主理。步兵校尉掌上林苑門屯兵，上林苑在長安城四周，遍佈三輔地界，因此若遇有不虞，亦有責任參與其事。《漢書》卷七十六〈王尊傳〉記王尊爲京兆尹免官，有湖縣三老公乘興上書訟尊治京兆功多，中有言：「往者南山盜賊阻山橫行，……城門以至警戒，步兵校尉使逐捕。」（76/1424a）此係步兵校尉掌上林苑門屯兵，本爲宿衞職，其參與逐捕盜賊亦即警備之任。至於其屯駐之地，當即沿上林苑周圍部署屯駐。

3. 射聲校尉。〈百官表〉謂掌「待詔射聲士」。按漢世待詔爲無常任之職，乃徵召至京師以待詔命之用，如待詔公車、待詔北軍、待詔丞相府之類。因

〔註13〕《漢書》卷六〈武帝本紀〉征和元年條：「冬十一月，發三輔騎士大搜上林，閉長安城門索，十一日乃解。」（6/101b）。

〔註14〕黃霸所發的三輔騎士爲一般正卒「材官騎士」的騎士，這些騎士發詣北軍後掌於屯騎校尉，亦負宿衞之責。

〔註15〕關於上林苑，《三輔黃圖校證》卷四謂：「武帝建元三年開上林苑。東南至藍田、宜春、鼎湖、御宿、昆吾；旁南山而西，至長楊、五柞。北繞黃山，瀕渭水而東。周袤三百里。」（P.83）三百里，《漢書》卷八十七上〈揚雄傳〉謂：「周袤數百里。」（87上/1525b）另可參見《漢書》卷五十七上〈司馬相如傳〉之上林賦（57上/1183a～1198b）。

此，待詔射聲士當係徵募天下善射之人至京，初或亦暫隸北軍，一旦人數漸多，乃別以一校尉掌領，其職亦為宿衛警備；至於其駐地，當在京城附近。

　　4. 虎賁校尉。虎賁校尉所掌的兵卒原屬北軍的軍士，分職後直領於虎賁校尉。虎賁校尉所掌的車士亦稱為輕車介士。《漢書》卷六十八〈霍光傳〉：「光薨，上發材官、輕車、北軍五校士〔註16〕軍陣至茂陵。」（68/1328b）同卷〈金日磾傳〉：「日磾薨，昭帝以輕車介士軍陣至茂陵。」（68/1332b）此輕車、輕車介士即指虎賁校尉所領的車士。車士稱輕車，則虎賁校尉亦有稱輕車校尉者。《漢書》卷九十九中〈王莽傳〉，王莽於地皇二年（西元 21 年）有感於高廟神靈，乃「遣虎賁武士入高廟，……令輕車校尉居其中。」（99 中/1751a）虎賁校尉的常職為掌「宿衛兵」，亦為京城警備的分支機構，間亦參與它職，上引霍光、金日磾薨時皆有輕車介士送其喪至茂陵，此為示尊寵之意。虎賁校尉既為京城的警備部隊，故其駐地亦當在京城附近。

　　上述四校尉兵種各異，其同為宿衛部隊則一，且所屯駐之地皆在京城附近，平時負責警備大任，若遇有天子出獵時，四校尉亦並從出獵。《漢書》卷五十七上〈司馬相如傳〉：「天子校獵，……扈從橫行，出乎四校之中。」注引文穎曰：「凡五校，今言四者，一校中隨天子乘輿也。」注引師古曰：「四校者，闌校之四面也。」《補注》王先謙則曰：「此祇是以四校行獵耳。四校當即屯騎、步兵、射聲、虎賁四校尉，皆天子行獵必當隨從者，而掌北軍之中壘校尉，掌胡越騎之三校尉不與。」（57 上/1193b～1194a）王氏謂四校尉「皆天子行獵必當隨從者」，其所據為何不得而知。然其注文引葉夢得《石林燕語》、《廣雅釋詁》謂「扈從」乃從駕之人、從駕而供使令之人，於義較之顏師古所注之「跋扈縱恣」更合文義。至於「橫行」，王氏意不由中行而旁出謂之「橫行」，「謂軍士分校，就列天子周回，按部不由中道行而旁出」。王氏之注文，於義可通，於事實恐有待商榷，至少時間上未能符合。按前引司馬相如的〈上林賦〉獻於武帝初即位時（《漢》57 上/1175a），其時恐尚無八校尉之設，故相如所謂四校或乃未分置獨立校尉前的北軍。按北軍本有中

〔註16〕《漢書》卷六十八〈霍光傳〉：「光薨，上發材官輕車、北軍五校士，軍陣至茂陵。」《補注》王先謙謂：「據此，知西京北軍亦止五校，五校即五營。」（68/1328b）王氏之說未詳。愚以為此處北軍係指中壘校尉所領之北軍五營，王氏未加以言明，易使人以為北軍但僅五營，實則五營僅是中壘校尉所領，此武帝改制後原先之北軍為屯騎諸校尉，而諸校尉自有專稱，不再以北軍名之，因此北軍但指中壘校尉而言。

壘、騎士、步兵、輕車，此或即〈上林賦〉中隨行出獵的四校（西漢所謂校不必一定是官職之稱，凡部隊一軍即爲一校），〔註17〕其後八校尉之制成立，由待詔射士所組成的射聲校尉可能取代中壘校尉而成爲隨獵的四校之一，此時間上有先後；四校之分子亦有稍異，而王氏未加以說明者。

另者，天子出獵除前述四校之外，尚有其它的隨從人員，如郎官、羽林、期門（並見下文光祿勳章）等，其陣容甚爲壯盛。《漢書》卷八十七上〈揚雄傳〉，揚雄獻〈校獵賦〉予成帝，賦中有謂：「賁育之倫、蒙盾負羽，杖鏌邪而羅者以萬計。」（87 上/1526a）是參與狩獵的人數甚爲可觀。「羽騎營營，昈分殊事（注引師古曰：「服飾分明各殊異也。」），繽紛往來，轠轤不絕。」（87 上/1527a）是兵種不同，服飾有別。「（既獵）曲隊堅重，各按行伍。」（87 上/1528a）乃指兵士各有屬部，且各部軍紀嚴謹，不相紊亂。揚雄借武帝校獵事以諷止成帝時出校獵，所言或有誇大之處，然從校士眾亦必不少。按武帝與成帝爲西漢最喜出獵的君主，揚雄又親從成帝出獵，其所見與所獻賦中陳述的情形當有契合之處，斷非全屬誇大。武帝與成帝，司馬相如與揚雄，兩兩相去在百年，而其出獵以及出獵情形則無甚差異；故職爲宿衛的前述四校尉，當一直在從獵之列。

（三）胡騎、長水、越騎校尉

關於胡騎、長水、越騎之成爲校尉，第一章第二節已有論述，此處不贅。

胡騎、長水、越騎三校尉之初設，本爲安置歸降的胡人越人，隨後爲了便於集中管制，於是特置校尉總領其事。由第一章第二節中知胡人歸降者當多於越人，故胡人有二校尉。

1. 胡騎、長水校尉。二校尉所掌皆爲胡人，且各有屯地。《漢書・百官表》謂：「長水校尉，掌長水、宣曲胡騎。」「胡騎校尉，掌池陽胡騎。」注引師古曰：「長水、胡名也。宣曲，觀名，胡騎之屯宣曲者。」（19 上/309a）實則長水並非胡名，而是一小川之名，其自杜縣白鹿原出後往西北流，然後會注於關中八川之一的霸水。〔註18〕杜縣地屬京兆北界，長水胡騎即屯於杜縣附近的長水，

〔註17〕見《漢書》卷六十一〈李廣利傳〉（61/1242b），《漢書》卷六十九〈趙充國傳〉（69/1340b）。

〔註18〕關中八川見《漢書》卷五十七上〈司馬相如傳〉，八川者：涇、渭、霸、滻、豐、鎬、潦、潏（57 上/1183b）。另《水經注》卷十九〈渭水〉條下：霸水，「霸水又北，長水注之。水出杜縣白鹿原。其水西北流，謂之荊溪。」（19/243）。

並非如顏師古所說的胡名。《漢書》卷五十四〈李陵傳〉:「衛律者,父本長水胡人,律生長漢。」《補注》王先謙曰:「律父蓋胡人降漢為胡騎而屯長水,故律生長為漢人也。」(54/1148a)此當是衛律之父入漢後,被編入長水胡騎,故有「長水胡人」之稱。王氏之說的是,按西漢對於胡人但直稱胡人,未有於其上冠以地名者,故知衛律之父所謂「長水胡人」的長水並非胡地名。且由出土文物亦可得一旁證。西安南郊出土有「長水屯瓦」瓦當,〔註19〕此物當是長水校尉屯兵處所用的瓦;據此,不僅可確知長水非胡地名,更可進一步得悉長水校尉的屯地就在長安城的南邊(以今日西安位置觀之,杜縣恰在其南偏西,與前述長水胡騎駐地合)。〔註20〕

　　長水胡騎另有屯於宣曲者。前引顏師古注謂:「宣曲,觀名」,恐有不當。據《三輔黃圖》,但有宣曲宮而無宣曲觀。〔註21〕《漢書》卷五十七上〈司馬相如傳〉,相如所獻上林賦中有「西馳宣曲」之語,注引張揖曰:「宣曲,宮名也,在昆明池西。」(57上/1196a)《漢書》卷六十五〈東方朔傳〉:「從宣曲以南十二所中休更衣。」注引師古曰:「宣曲,宮名,在昆明池西。」(65/1297a)由上引〈司馬相如傳〉與〈東方朔傳〉並觀之,宣曲當為宮名,顏、張所注同,皆在昆明池西。考昆明池地界於京兆與扶風之間,宣曲宮在昆明池之西,當屬扶風,若此,則長水校尉所轄胡騎,一在京兆界(長水);一在扶風(宣曲),此與胡騎校尉所掌的池陽胡騎(在馮翊)恰分屬三輔,是三輔之地各有胡騎駐屯。長水、宣曲於地緣上更近於長安,故當衛太子兵變時,曾遣長安囚如侯持節發長水、宣曲胡騎。〔註22〕長水、宣曲較之池陽更近長安,兵來迅速;而衛太子兵變時所據的長樂宮與武庫就在京城的南區,故發長水、宣曲胡騎於時於地皆利捷於發池陽胡騎。

　　2. 越騎校尉。如同長水、胡騎校尉,越騎編制成單一校尉後也成為京師的宿衛警備部隊。《三輔黃圖》卷六署條下:「漢有長水、中壘、屯騎、虎賁、越騎、步兵、胡騎八營(校),宿衛王宮,周盧直宿處。」(P.133)既然職掌宿衛,且各有盧舍,比之於其它諸校尉,則越騎校尉的屯地亦在長安城附近。

　　長水、胡騎、越騎校尉為宿衛警備部隊,若有征戰之事,間亦參與其事。

〔註19〕陳直,《三輔黃圖校證》卷六P.133。
〔註20〕譚其驤主編,《中國歷史地圖集》第二冊「秦、西漢、東漢時期」P.15〜16。
〔註21〕陳直,《三輔黃圖校證》卷三P.77。
〔註22〕《漢書》卷六十六〈劉屈氂傳〉(66/1307a)。

《漢書》卷六十九〈趙充國〉傳，充國擊西羌時，宣帝曾「詔中郎將（趙）卬將胡越、伏飛、射士、步兵二校」增援充國（69/1338a）。《漢書》卷七十九〈馮奉世傳〉，元帝永光二年右將軍馮奉世將萬二千騎擊西羌，其後奉世復請增兵，元帝乃「發三輔、河東、弘農、越騎、迹射、伏飛、彀者、羽林孤兒及呼速絫嗕種」以益奉世（79/1445a）。

（四）八校尉所領兵卒在數千人之間

　　《漢書・百官表》未詳八校尉所領兵卒，孫星衍所輯錄的《漢官》謂：「屯騎校尉，員吏百二十八人，領士七百人。越騎校尉，員吏百二十七人，領士七百人。步兵校尉，員吏七十三人，領士七百人。長水校尉，員吏百五十七人，烏桓胡騎七百三十六人。射聲校尉，員吏百二十九人，領士七百人。」（P.8）凡上述五校尉所領兵卒皆在千人以下，錢文子《補漢兵志》謂：「漢制每一校少者七百人，多者千二百人。」（P.30）上述《漢官》與《補漢兵志》所言每校的員數相近，似乎每一校尉所領兵卒就是這個數目，愚意以為不然。按《漢官》所述者為東漢制度，而《補漢兵志》所言一校極可能是軍隊一部之稱，恐非八校尉之校。《漢書》卷六十一〈李廣利傳〉，武帝太初元年（西元前104年）第一次伐宛，「發惡少人及邊騎，……六萬人，……五十餘校尉。」（61/1242b）此處每校得千人以上，千二百人以下。《漢書》卷六十九〈趙充國傳〉，充國在答宣帝屯田便宜十二事的第一事謂：「步兵九校，吏士萬人，留屯以為武備。」（69/1340a）此步兵九校非步兵校尉的兵卒，乃一般兵種的步兵（材官）。步兵九校，吏士萬人，則每校亦在千人以上。上引二傳每校人數與《漢官》、《補漢兵志》所言近似，唯二傳所言之校乃指軍隊一部，非八校尉之校則甚明。愚意以為八校尉所領兵卒絕非如《漢官》與《補漢兵志》所言之數。按八校尉中中壘、屯騎、步兵、虎賁係自北軍分衍出來的，射聲則由待詔射聲士所組成；胡、越騎三校尉由歸降、收捕的胡、越人組成，唯武帝後戰爭較少，或有徵募者以補充老死的胡、越人，與分自北軍的四校尉無涉。而越騎校尉所領兵卒遲至王莽時仍十倍於《漢官》所言的數目。《漢書》卷九十九下〈王莽傳〉：「地皇四年（西元23年）隗囂兵至長安，人謂莽曰：『城門卒，東方人，不可信。』莽更發越騎士為衛，門置六百人，各一校尉。」（99下/1757b）則長安十二城門得衛士七千二百人，亦即越騎士至少有七千餘人。另據《漢書》卷九〈元帝紀〉永光二年（西元前42年）條下：「以太常任千秋為奮威

將軍，別將五校，與右將軍馮奉世並進（擊西羌）。」（9/126a）《漢書》卷七十九〈馮奉世傳〉：「天子大為發兵六萬餘人，拜太常弋陽侯任千秋為奮武將軍，以助（奉世）焉。」（79/1444b）任千秋將五校六萬餘人，則一校逾萬人，此一校非軍之一部甚明。此五校姑不論為八校中的那五校，然則其數目之眾十倍於《漢官》與《補漢兵志》所言之數；因此愚意以為八校尉兵卒數目，每校當在數千人。

　　綜上所述，八校尉中的胡、越騎三校尉因係編置收捕歸降的胡、越人，因此兵卒可能多於其餘諸校。若中壘以下五校尉，則分衍自北軍及徵召善射之士所組成，以前文所引司馬相如的〈上林賦〉、揚雄的〈校獵賦〉觀之，從獵四校之員數皆甚為龐大；其次，四校尉所領員額雖不可得其確數，然以四校尉與胡、越騎三校尉乃同等級的警備機構觀之，其數縱無胡、越騎之眾，相去亦不會太遠。至於中壘校尉所領的兵卒，至少有五校，〔註23〕一校以千人計，亦在五千人左右。職是之故，凡京師八校尉所領的兵卒員額，每校當在數千人之眾。

第四章　宮衛——衛尉

《漢書》卷十九上〈百官表〉：

衛尉，秦官。掌宮門衛屯兵，有丞。景帝初更名中大夫令，後元年
復爲衛尉。屬官有公車司馬、衛士、旅賁三令丞，衛士三丞。又諸
屯衛候、司馬二十二官皆屬焉。長樂、建章、甘泉衛尉皆掌其宮，
職略同，不常置。（19 上/303a.b）

一、官署組織

（一）衛尉丞

衛尉的主要佐官，不見於史文，據《漢書・百官表》謂：「自太常至執金
吾，秩皆中二千石，丞皆千石。」（19 上/306b）衛尉丞亦千石之職，其爲衛
尉卿之主要佐官可知，故其秩亦不低。

（二）公車司馬令（公車令）、丞

公車司馬令，亦名公車令。《漢書》卷五十〈張釋之傳〉：「（文帝還自上
林）至宮，上拜釋之爲公車令。頃之，太子與梁王共車入朝，不下司馬門，
於是釋之追止梁王毋入殿門；遂劾不下公門，不敬，奏之。」（50/1095b）《史
記》卷一百二十六〈東方朔傳〉：「朔初入長安，至公車上書。凡用三千奏牘，
公車令（令）兩人共持舉其書，僅能勝之。」（126/1328b）前引〈張釋之傳〉
與〈東方朔傳〉之公車令即指公車司馬令。公車令有公車丞。《漢書》卷八十
八〈儒林梁丘賀傳〉：「（宣帝）時霍氏外孫代郡太守任宣坐謀反誅，宣子章爲

公車丞，亡在渭城界中，夜玄服入廟居郎間，執戟立廟門，待上至欲爲逆。發覺，伏誅。」（88/1547a）。

公車令爲衛尉屬官三令之一，其秩祿據《續漢・百官志》第二十五衛尉條下：「公車司馬令一人，六百石。」（25/1342b）

公車司馬令主宮殿四面之司馬門。《三輔黃圖》卷二漢宮條：「漢未央、長樂、甘泉宮四面皆有公車。」《校證》謂：「建章、甘泉，各有衛尉，故亦皆設公車司馬之官。」〔註1〕《漢書》卷三十一〈項籍傳〉：「二世使人讓章邯。章邯恐，使長史欣請事至咸陽，留司馬門。」注引師古曰：「凡言司馬門者，宮垣之內，兵衛所在，四面皆有司馬；司馬主武事，故總謂宮之外門爲司馬門。」（31/923a）公車司馬令掌受章奏事、徵詣公車者及劾不下公車司馬門者。前引《史記・東方朔傳》即受章奏事。《漢書》卷三十六〈劉向傳〉記向上書有謂：「今賢不肖渾殽，白黑不分。……章交公車，人滿北軍。」注引如淳曰：「《漢儀》注：中壘校尉主北軍壘門內，尉一人，主上書者獄。上章於公車，有不如法者，以付北軍尉，北軍尉以法治之。」（36/968b）是公車司馬令主受章奏事並得判明上書是否合於規制。其次則糾劾不下公車司馬門者。前引《漢書・張釋之傳》，釋之劾奏文帝太子與梁王入朝不下司馬門者是。《史記》卷一百二〈張釋之傳〉，《集解》引如淳曰：「宮衛令：『諸出入殿門，公車司馬門，乘軺傳者皆下，不如令，罰金四兩。』」〔註2〕（102/1128b）罰金四兩雖然不多，但要之者乃法令皆須遵守，雖貴爲太子、王侯亦然，此實因公車司馬門已近宮室，不下車者爲不敬；且須防不虞，故有此規定。其次則負責安頓徵詣、待詔者。《漢書》卷八十一〈孔光傳〉，哀帝傅太后崩，「是月，徵光詣公車，問日蝕事。」（81/1464a）待詔公車，爲漢世徵詔天下之人的常制，如朱買臣、東方朔、谷永諸人皆曾待詔公車。〔註3〕

公車司馬令轄下尚有公車大誰長。公車大誰長統領晝夜循行司馬門內的大誰卒。《漢書》卷二十七下之上〈五行志〉：「成帝綏和二年（西元前7年），鄭通里男子王褒絳衣小冠，〔註4〕帶劍入北司馬門殿東門（注引師古曰：「入

〔註1〕 陳直，《三輔黃圖校證》卷二 p.50。

〔註2〕 《三輔黃圖》所載同，唯無「乘軺傳」三字。見《三輔黃圖校證》卷二 p.51。

〔註3〕 朱買臣見《漢書》卷六十四上本傳（64上/1276a），東方朔見《漢書》卷六十五本傳（65/1294b），谷永見《漢書》卷八十五本傳（85/1249a）。

〔註4〕 絳衣小冠爲衛士服飾。蔡邕《獨斷》卷下：「司馬、殿門、大誰衛士冠樊噲冠。」P.29。另郎所衣爲玄衣，見《漢書》卷八十九〈儒林傳〉，任宣子爲公車丞，

北司馬門又入殿之東門也。」)。上前殿，入非常室中，解帷組結佩之，招前殿署長業曰：『天帝令我居此』。業等收縛考問。褰，故公車大誰卒。」注引師古曰：「大誰者，主問非常之人，云姓名是誰也。大誰，本以誰爲稱，因用名官，有大誰長；今此卒者，長所領卒也。」《補注》引沈欽韓曰：「掌門衛者，見人輒呵問曰：誰，故取以爲名。大誰長，屬公車司馬令。」（27/647s）衛宏《漢舊儀》卷上謂：「皇帝起居儀，宮司馬門內，百官案籍出入；營衛周廬，晝夜誰何。」，〔註5〕所謂「晝夜誰何」，即指徼循、守衛宮司馬門，若是有人靠近，則加以喝止並盤詰「誰」、「何人」、「何事」。王隆《漢官解詁》亦謂：「從昏至晨，分部行夜。夜有行者，輒前曰：誰、誰，若此不懈。」〔註6〕

（三）衛士令、旅賁令

衛士令。《漢書》卷三十〈藝文志〉有「衛士令李忠賦二篇」（30/900b），即衛尉屬官三令之一的衛士令。衛士令亦名衛令，此秦代已有，主掌宮門的屯衛兵卒及宮門至殿門之間的宮垣警備。《史記》卷六〈秦始皇本紀〉記趙高使其婿閻樂往弒二世：「（高）遣樂將吏卒千餘人至望夷宮殿門。縛衛令、僕射曰：『賊入此，何不止？』衛令曰：『周廬設卒甚謹，安得賊敢入宮。』」（6/131b）望夷宮爲秦帝所居之宮，其宮門爲衛尉所主領，至於殿門則掌於郎中令。前引閻樂至殿門縛衛令、僕射，愚意以爲閻樂當是入宮門後行至殿門，而宮門與殿門之間尚有宮垣地；宮門屬衛士令可以無疑，至於殿門乃郎中令所掌，似不應有衛令掌殿門之事，前引傳文衛令下有僕射，考《漢書·百官表》郎中令下有僕射，因此此僕射當時或即負責掌守殿門。宮、殿之門各有所掌，至於宮垣地究當何屬，愚意以爲當屬衛令。前引《史記》，衛令曰：「周廬設卒甚謹」，《集解》引〈西京賦〉曰：「徼道外周，千（于）廬內傅。注薛綜曰：『士傅宮外，內爲廬舍，晝則巡行非常，夜則警備不虞。』」，是衛士有廬舍在宮內。《漢書》卷十九上〈百官表〉：「衛尉，秦官，掌宮門衛屯兵。」注引

夜玄服入廟居郎間，注引師古曰：「郎皆衣皁衣。」（88/1547a）所謂皁衣即玄衣。

〔註5〕 衛宏《漢官舊儀》卷上：「皇帝起居儀，宮司馬內」。注謂：「〈元帝紀〉，初元五年，宮司馬中注應劭曰：『宮馬中者，宮內門也。』」p.1。據此，則宮司馬內即宮司馬門之內也。

〔註6〕 《漢官解詁》作「分部行夜」，「從昏至晨」，知唯入夜方有「誰何」之喝，與《漢舊儀》「晝夜誰何」稍異，然其同爲徼循晝夜，戒止靠近宮門則同。

師古曰：「《漢舊儀》云：衛尉寺在宮內。胡廣云：主宮闕之門內衛士，於周垣下爲區廬；區廬者，今之仗宿屋矣。」〔註7〕（19 上/303a）是宮垣下有衛士廬舍。前引薛綜所謂：「士傅宮外，內爲廬舍，晝則巡行非常，夜則警備不虞」即指衛士不僅負責宮門的守衛、屯兵，同時介於宮門與殿門間的宮垣空間，亦屬衛士的執勤範圍。明乎此，則前引《史記》衛令所言：「周廬設卒甚謹，安得賊敢入宮」的意思自明；而衛士令即負責統轄這些衛士。宮垣內有衛士，即使宮垣的圍墻上亦可能有衛士來往徼循。據考古資料所作未央宮長樂宮宮墻的考證，宮墻底部的厚度超過二十公尺。〔註8〕依此考證推論，則宮墻頂端的厚度至少有數公尺至十數公尺，以如此寬厚的墻頂，足可供衛士往來徼循；同時徼循墻頂，居高臨下，更可收到警備的功效。

其次，衛士令有三丞，或謂其分駐於長樂、建章、甘泉三宮中。陳直《漢書新證》謂：「《簠齋吉金錄》卷五有常樂衛士上次士銅飯幀。爲王莽地皇二年所造，可證衛士令官署，設在長樂宮內。〈百官表〉所云：衛士有三丞，或長樂、建章、甘泉三宮中，各住一丞。」〔註9〕陳氏所謂衛士三丞分駐三宮有待商榷。按《漢書·百官表》：「長樂、建章、甘泉衛尉不常置」。所謂「不常置」當指主官衛尉不常置，然而警備之事不能稍廢，因此以衛士令駐長樂宮，衛士三丞分駐三宮於理似可通，於實卻未必如此。前引《史記》閻樂弑秦二世，衛士令顯然是衛守帝宮的宮門，西漢的衛士令若如陳氏所言駐在長樂宮，則一旦帝宮遽有事變，何人領帝宮守衛？且帝宮爲天子所居宮，安危考量必重於它宮，職是之故，愚意以爲衛士令駐在未央宮的可能性當大於長樂宮。其次，〈百官表〉所言三宮衛尉不常置，此但爲其主官衛尉，若其屬官並非不常置。《漢書》卷二十一上〈曆律志〉，武帝元封七年（即太初元年，西元前104 年）造太初曆時，選「治曆鄧平及長樂司馬可與焉。」（21 上/407a）其時長樂宮未有衛尉，然仍有司馬。另《漢書》卷七十九〈馮奉世傳〉記奉世子「逡，……建昭中（西元前38～34 年）以功次遷長樂屯衛司馬。」（79/1447a）其時長樂宮亦未置衛尉，然仍有長樂屯衛司馬。是長樂宮在未置衛尉時尚有其佐官以負警備之責。職是之故，愚意以爲衛士令及其三丞當屬未央宮衛尉。

〔註7〕 仗宿屋，據《漢書》卷十九上〈百官表〉《補注》謂：「仗宿屋，官本作伏宿屋。」孫星衍輯《漢舊儀》引《太平御覽》職官部亦作伏宿屋。（見《太平御覽》卷二三零，職官部二八。）愚案杖、伏形近，或係傳寫之誤。

〔註8〕 見前引 WANG ZHONGSHU 書 p.4。

〔註9〕 陳直，《漢書新證》卷一 p.42。

然陳氏所言常樂衛士又作何解？其或有可能是長樂宮設置衛尉時，亦置衛士令，資料不足，不能遽下斷言。

旅賁令，亦為統領守衛的兵卒。《漢書》卷十九上〈百官表〉衛尉屬官旅賁令，注引師古曰：「旅，眾也，賁與奔同。言為奔走之任也。」（19 上/303a）據師古之文意，旅賁令所掌當為負責奔走的衛士，此奔走之任或即指天子車駕出入時，隨從警備之意（見下文：衛士任務）。

衛士令，旅賁令與公車司馬令並為衛尉三令，為同級機構，因此秩祿同為六百石。〔註10〕

前述三令、丞之外，衛尉屬官尚有屯衛司馬〔註11〕、屯衛候〔註12〕共二十二官，今試分述於後。

《漢書》卷九〈元帝紀〉初元五年（西元前44年）條下：「衛司馬谷吉使匈奴不還。」注引師古曰：「即衛尉八屯之衛司馬。」（9/125a）顏師古之注文顯係引自張衡的〈西京賦〉。據《宋本六臣注文選》張衡〈西京賦〉謂：「重以虎威、章溝、嚴更之署。〔註13〕徼循外周，千（于）廬內附，衛尉八屯、警夜巡晝。」注薛綜曰：「嚴更、督行夜鼓，……衛尉帥吏士周宮外，於四方四角立八屯士。士則傅宮，外向為廬舍，晝則巡行非常，夜則警備不虞也。」〔註14〕〈西京賦〉明言衛尉八屯為職掌守衛徼循宮門及宮門內的周垣，此與《漢書》卷九〈元帝紀〉初元五年（西元前44年）顏師古所注者同。初元五年，「令從官給事宮司馬中者，得為大父母、父母、兄弟通籍。」注引師古曰：「衛尉有八屯，衛候、司馬主衛士徼巡宿衛，每面各二司馬。」《補注》王先謙曰：「宮司馬中，謂宮中及司馬門中。」（9/124b）是宮門內的周垣及司馬門內皆為宮司馬中，有衛候、司馬負責徼循警備；然則此與前述衛士令亦掌宮垣警備似有牴牾，愚意以為或有部分掌徼循宮垣的衛候、司馬是直隸於衛士令，即衛士令統部分衛候、司馬，衛候、司馬又直領衛士，此為分層負責，或有可能。此外，〈西京

〔註10〕《續漢・百官志》第二十五衛尉屬官公車令、南北宮衛士令秩皆六百石（25/1342b）。東漢制度多沿西漢，故其秩亦當沿西漢而來。按兩漢衛尉之秩祿相同，其佐屬當同。

〔註11〕屯衛者雖為屯、衛二名，其實則一名二稱。如衛尉，掌宮門衛屯兵，指掌屯兵、衛士；亦即屯而為衛士，此於制為屯兵，於職則為衛士。

〔註12〕關於屯衛候之候，陳直據《續封泥考略》卷一錄有「都候丞印」謂：「封泥，謂都候當與衛候同為二十二官之一」。見氏著，《漢書新證》卷一 p.41。

〔註13〕陳直，《三輔黃圖校證》卷六：「虎威、章溝、皆署名。」p.133。

〔註14〕宋本六臣注《文選》卷二 p.99。

賦〉但言衛尉八屯，薛綜更申言爲「於四方四角立八屯」。薛說如可信，則四方四角又何指？愚意以爲四方當爲未央宮四面的司馬門，四角者或爲未央宮的四個頂角，即東北、東南、西南、西北四角。前引顏師古注文謂每面各有二屯衛司馬，則四角可能各有二屯衛候，各統若干屯衛兵卒；如此更形成周密的警衛網，與衛士令、公車令形成宮門與宮垣間層層相應，全面的警備網。〔註15〕

　　承前所述，未央宮四方四角計得八屯衛司馬、八屯衛候，然而《漢書・百官表》謂「諸屯衛候，司馬二十二官」，尚餘六屯，是否屯於它宮則不詳。〔註16〕按長樂宮屬太后所居，當有長樂屯衛候、司馬。至於太子宮自有詹事

〔註15〕　未央宮爲一有計劃的宮殿，呈四方形，面積有五平方公里。東西各長二千一百五十公尺，南北則各爲一千二百五十公尺，四面合計八千八百公尺，約占長安城的七分之一。以上俱見前 WANG ZHONGSHU 書 p.4 picture 2。按未央宮但有北闕、東闕、前者爲吏民上書或公佈政令之處；後者爲諸侯、大臣邸第區及諸侯朝天子處。南闕、西闕則無，此因西、南兩面逼近城墻，沒有空間建闕，然並非西、南二面無門。其次未央宮爲一幾近規則的四方形，若於東北、西北、東南、西南四角屯衛士卒以警備宮之安危；其位置與距離符合軍事上兵員佈署的聯繫要件，而從此處可見出其警戒宮之諸門及宮垣地設想之周到。

〔註16〕　西漢除未央宮置有衛尉之外，其餘長樂、甘泉、建章亦時有置省。長樂衛尉常隨皇太后之有無而置省。呂后時有長樂衛尉呂更始（《漢》3/67a）；宣帝初，皇太后歸長樂宮，置長樂屯衛（8/110a）。建章衛尉始置於宣帝元康元年（西元前 65 年）冬（8/114b），罷於元帝初元三年（西元前 46 年）（9/124a）。甘泉衛尉始置年不詳，其罷年與建章同（9/124a）。〈百官表〉謂長樂等三宮衛尉不常置，此係就其主官衛尉而言，若其屬官似並非不常置。《漢書》卷二十一上〈曆律志〉，元封七年（即太初元年，西元前 104 年）造太初曆，選治曆鄧平及長樂司馬可與焉（21 上/407a），其時長樂宮未有衛尉，然仍有司馬。《漢書》卷七十九〈馮奉世傳〉記奉世子「逡，……建召中（西元前 38～34 年）以功次遷長樂屯衛司馬。」（79/1447a）其時長樂宮亦未置衛尉，然仍有屯衛司馬。另勞貞一先生〈論漢代的衛尉與中尉兼論南北軍制度〉一文之衛尉一節謂：「元帝初元三年，已罷甘泉及建章宮衛，故其時只有未央及長樂二衛尉，每宮有八屯，二宮共計十六屯，尚餘六屯。」（p.449）勞先生將長樂衛尉諸屯衛候，司馬并計於衛尉屬官二十二之屯衛候、司馬之中恐似不確。按屯衛候、屯衛司馬見於史傳而明書長樂者見前引二例，其餘如段會宗、鄭吉、蓋寬饒等皆但書衛司馬、屯司馬、衛候，並不加冠其它宮名，是其屬於未央衛尉甚明；由此亦可見長樂宮當自有屯衛候、司馬，與〈百官表〉之衛尉二十二官無涉。勞文又謂：「百官公卿表截至平帝時期，……西漢時期所徙民的陵墓縣治有長陵、安陵、陽陵、茂陵、平陵共五陵，加上杜陵，共爲六縣，其數洽符。」（p.499）此說更值得商榷。按漢代徙民成陵縣，其行政屬太常，其後雖於元帝永光元年（西元前 43 年）分諸陵邑屬三輔，論其衛士固然掌於衛尉，然西漢諸陵縣

所屬的警備官署掌理宿衛（見附論二），與衛尉所掌亦無涉。考漢宮比較重要的除前述未央、長樂、甘泉（在左馮翊）、建章（在長安城西）之，長安城內尚有明光宮（在長樂宮北）、北宮、桂宮（皆在未央宮北）。未央爲帝宮，長樂爲太后宮，甘泉則天子行幸、避暑之地；〔註17〕建章則緊鄰長安西城牆，與未央宮僅一牆之隔，亦爲天子經常往來之宮。北宮則常屬廢后所居，桂宮在北宮之西，常有太子居其間。長樂、甘泉、建章若各有衛尉，其屬官不轄於未央衛尉；皇后、太子宮各有警備官署，因此衛尉二十二屯衛候、司馬所餘的六屯，所駐屯之地爲何不得而知。〔註18〕

二、衛士任務〔註19〕

　　前述爲衛尉所屬分職長官的職掌，關於一般衛士所執掌的事項、範圍，試分述於後。

（一）列衛於宮廷之中

　　衛士最主要的任務當然是負責宿衛警備以戒不虞，因此凡是衛士皆有持兵，所持的兵器爲戟。若以宮殿位置所在以分別其內外，則衛士至近可至宮廷之中，階陛之下。〔註20〕《史記》卷九十九〈叔孫通傳〉：

　　　　雖只六個，但陵寢數卻不只六個。職是之故，若每帝的陵寢皆有屯衛候、
　　　　司馬、其數更不只六個，故勞文雖符合二十二之數，卻不能成立。
〔註17〕陳直，《三輔黃圖校證》卷二：《長安志》引《關中記》云：「甘泉宮，……武
　　　　帝常以五月避暑於此，八月乃還。」「其地去長安三百里，在左馮翊屬縣池陽
　　　　北之甘泉山上（p.47）。」又據《三輔黃圖》卷三甘泉宮條下計有：昭台、長
　　　　定、長門、永信、中安宮等二十九所（p.67～82）。而上述五宮又曾是皇后、
　　　　太后或廢后所居宮，以二十九所宮的地理位置觀之，皆在長安城外圍，形成
　　　　圓形錯落，可知漢宮其不在長安城中與不屬長樂、建章宮者皆屬之甘泉宮。
〔註18〕《三輔黃圖校證》陳直注引《雍錄》謂：「漢明光宮有三，一在北宮，與長樂
　　　　宮相連；一在甘泉宮中，一爲尚書奏事之地。」（p.79）甘泉之明光宮爲「武
　　　　帝求仙」所起，內陳燕趙美女二千人。尚書奏事之明光宮，史文未見所在，
　　　　若《雍錄》所云爲眞，則其所在當在未央宮中。上述二明光宮皆與長安城內
　　　　東北之明光宮無涉。
〔註19〕此處所言衛士，不包括屯衛於諸離宮、寢園及中都官之衛士。
〔註20〕西漢皇帝與群臣議事之處在未央宮前殿。根據考古探測得知，未央宮前殿位
　　　　於宮之中央，南北長三百五十公尺，東西寬二百公尺，最高點離地約爲十五
　　　　公尺（見前引 WANG ZHONGSHU 書 P.4 Picture 2, 11）。可見未央前殿範圍甚

漢七年，長樂宮成，諸侯群臣皆朝十月。儀：先平明，謁者治禮，
引以次入殿門。廷中陳車騎步卒衛宮，設兵張旗志，傳言「趨」。殿
下郎俠陛，陛數百人〔註21〕（99/115a）。

所謂「廷中陳車騎步卒衛宮」即指在宮牆內的廷中設車騎步兵，此車騎步兵
為衛尉麾下的衛士，這些衛士持兵立於前殿外的廷中，與內殿下的郎官，共
同負責殿廷的宿衛警備。持兵的郎衛，非有特詔則不得上殿，此為秦時舊制，
漢制亦然（見第五章。另高祖賜蕭何劍履上殿，知一般大臣亦不能佩兵上殿）。
《漢書》卷三十六〈劉向傳〉，元帝時，劉向上封事謂：「今佞邪與賢臣竝在
交戟之內，合黨共謀，違善依惡。」注引師古曰：「交戟，謂宿衛者。」（36/969b）
此處所謂宿衛者，當有部分是衛士。另《漢書》卷六十八〈霍光傳〉：「太后
詔召（昌邑）王：太后被珠襦，盛服坐武帳中，侍御數百人皆持兵，期門、
武士陛戟，陳列殿下。」68/1325b）此侍御武士可能也有一部分的衛士。

（二）持戟守闕門

王隆《漢官解詁》衛尉條下：

諸門部各陳屯夾道，其旁當兵，以示威武，交戟以遮妄出入者。（p.4）

宮門為出入宮必經的通道，衛士除負責守衛宮門之外，尚須設兵以示威武，
其所持之兵為戟；除此之外，衛士尚負責案驗出入者的身分。〔註22〕關於闕
門衛士交戟遮止妄出入者，《後漢書》卷七十九下〈儒林楊仁傳〉有條資料可
為佐證：

（明帝時，楊仁為北宮衛士令。及帝崩），時諸馬貴盛，多爭欲入宮。
仁被甲持戟，嚴勒門衛，莫敢輕進者（79 下/919a）。

廣，且最高點達十五公尺，此最高點或為皇帝坐朝之處；而群臣入殿門後拾
陛而上，到達離皇帝某種距離後分班就列，共議國事，至於諸持兵警衛，則
立於陛階之下。另以現存未央宮前殿遺址為一長方形隆起平台觀之，群臣或
列於台上，天子坐於北端，共議國事，則諸持兵警衛或即列於上台的階陛之
上。唯因其為歷二千年的遺址，是否即原先的面貌則不可知，故僅錄列於此，
以供參考。
〔註21〕關於「廷中陳車騎步卒衛宮」，《漢書》卷四十三〈叔孫通傳〉作「廷中陳車
騎戍卒衛官」。《史》《漢》文字有小異，然於義則失之也大。《漢書補注》王
先謙以為《史記》為是（43/1032）
〔註22〕關於西漢入宮的詳細情形，廖伯源師有詳述，見廖師，〈西漢皇宮宿衛警備雜
考〉（二）p.16～22。

衛士令既持戟，則其門衛自是持戟嚴守闕門。不僅門衛持戟，前述公車司馬令之屬吏公車大誰長及其卒，其職爲「從昏至晨，分部行夜。夜有行者，輒前曰：誰、誰。若此不懈」，既是分部行夜，自不能沒有兵器，故其持戟分巡當無可疑。

（三）負司報時報、曉之責

蔡質《漢官典職儀式選用》謂：

> 凡宮中漏夜盡，鼓鳴則起，鐘鳴則息。衛士甲乙徼相傳。甲夜畢，傳乙夜，相傳盡五更。衛士傳言五更未明，三刻後雞鳴。衛士踵丞郎趨嚴上台，不畜宮中雞……。衛士候朱雀門外，專傳雞鳴於宮中。
> （p.4）

孫星衍輯《漢舊儀補遺》卷下：

> 晝漏盡，夜漏起，宮中衛宮，城門擊刁斗，周廬擊木柝。夜漏起，……
> 傳五校（甲乙丙丁戊）。……衛士周廬擊木柝，傳呼備火。（p.27）

衛宮的衛士隨漏刻的轉移，入夜後巡行宮垣四周，並敲擊木柝，提醒人們注意火燭；隨後衛士則分班徼循，定時換班，如此相傳下去，直到天亮。因爲漏刻只能顯示時間，不具聲響以喚醒人們，且宮中又不養曉雞，因此衛士除按時換班徼循之外，尚須據宮外報曉之雞鳴聲，以喚醒宮內的人。

（四）天子車駕出入，亦隨從以戒司沿途警備

衛宏《漢舊儀》卷上謂：

> 輦動則左右侍帷幄者稱警，車駕則衛官塡街，騎士塞路，出殿則傳蹕，止人清道。（p.1）

所謂警蹕，即戒嚴清道之意。《漢書》卷四十七〈文三王傳〉謂梁孝王僭越，「從千乘萬騎，出稱警，入言蹕。」注引師古曰：「警者，戒肅也。蹕，止行人也。言出入者互文耳，出亦有蹕。」〔註23〕（47/1058b）衛官、騎士，皆屬衛尉所領轄的衛士。前述旅賁令，據錢文子《補漢兵志》謂：「旅賁令，蓋主衛士之驍勇者，以備非常。」又謂：「《周官》旅賁氏，……掌執戈盾夾王車而趨。」（p.7）則天子車駕出入隨從的衛尉衛卒，或即領於旅賁令。

〔註23〕《史記》卷五十八〈梁孝王世家〉作「出言蹕，入言警」「（58/826b），恰與《漢書》相反，故知警蹕出入當爲互文。

三、衛卒來源及其員額

在討論衛卒來源及其員額之前，有必要對衛卒的定義稍作釐清。據應劭《漢官儀》卷上謂：「民年二十三爲正，一歲以爲衛士，一歲爲材官、騎士，習射御騎馳戰陣。」（p.31）是漢代的適齡男子都須服一年的衛士役，〔註24〕此爲定制，可以無疑，須要釐清的是服衛士役是否有其它的限定、區分。歷來討論衛士的文章但總言衛士而不加以區分，有謂衛士乃南軍，掌於衛尉；〔註25〕有謂衛士來自天下各郡、國，〔註26〕有謂衛士來源以三河、弘農等郡爲主。〔註27〕關於南軍的問題，牽扯太廣，非本文所欲、所能處理的，現但就衛士的限定、區分及來源稍作論述。

前引應劭《漢官儀》的資料明言衛士役爲西漢適齡男子的正役之一，此屬當然，可以不論，然而是否天下各郡、國男子皆須至京師服衛士役一年，抑或僅只部分郡縣須出衛卒，以及衛士至京時服務的機構爲何？按西漢王國的適齡男子但服役於所屬王國，不須再遠戍京師（見第二章執金吾兵卒來源所引〈賈誼傳〉的論證）。除此之外，邊郡的適齡男子亦僅服役於所屬郡縣，不再至京服役，〔註28〕此衛士有其區域性的限定。至於一般至京服役的衛士，有守各宮、各中都官及各寢園陵廟的，並非悉數守宮，此衛士至京服務有其機構性的區分。

衛士來源有其區域性的限定及服役上有單位性的區分，釐清了這種區別前提後，就可進一步探討究竟衛士所來自的地方。前述有謂衛士來自天下各郡、國的適齡男子，有謂以三河、弘農等郡爲主。關於前者，論者援引《漢書》卷七十四〈魏相傳〉（傳文見後）所載河南卒戍中都官二、三千人乘天下百三郡、國，謂：「凡警衛中央官府的衛士將達數十萬人，連同守衛皇宮、太子宮的通計，數額可以想見。」〔註29〕事實上當漢平帝元始二年時長安的人

〔註24〕西漢正卒的兵役除了衛士一項正役外，材官、騎士、樓船則隨各地地理而異。正役之外尚有戍邊的徭役，凡天下郡縣及役男子皆在戍列。見于豪亮，〈西漢適齡男子戍邊三日說質疑〉p.407。

〔註25〕孫毓棠前引書 p.15，勞榦，〈漢代兵制及漢簡中的兵制〉P.36。

〔註26〕錢劍夫，〈試論秦漢的『正』卒徭役〉，P.9。

〔註27〕勞榦，〈漢代兵制及漢簡中的兵制〉p.36。

〔註28〕應劭《漢官儀》卷上：「邊郡，……不給衛士、材官、樓船。」p.31，衛宏《漢官舊儀》卷下同，p.15。

〔註29〕同註26。

口爲二十四萬六千二百人，〔註30〕而長安城的衛士卻多於長安人口，數目顯然過於龐大；且國家養如此巨大的衛士數，所費更是驚人，京師固然重要，然猶不須有如此龐大的衛士來警衛。其次，前述郡國、邊郡不出衛士，因此衛士數十萬人及來自天下各郡、國的說法顯然不確。關於後者衛士來自三河、弘農等郡說，論者意三河、弘農等少數數郡外，其餘諸郡不出衛卒，此說亦可議。按漢世一直採取強幹弱枝的馭控政策，主要的目的就爲了削弱地方勢力，以鞏固中央集權的優勢；一旦兵士只在本籍服役，久之容易形成地方性軍隊，中央則會漸漸失去對地方武力的控制力。而透過服衛士役於京師的制度，可以強化這種馭控的效果。在這層利害考量之下，勢必將衛士制度推行於天下，因此愚意以爲三河、弘農少數數郡出衛卒之說亦可議。然則衛卒來源究係何地？在資料甚爲缺乏之下，不能遽下斷言。〔註31〕衛士到達京師以後再予分發至各單位服役，除長樂、甘泉、建章宮的衛士分屬各宮衛尉之外，其餘服務各中都官署的衛士則分隸於各官署。至於各寢園陵廟，行政隸屬雖然在元帝永光元年（西元前43年）作了劃分（之前屬太常、之後屬三輔行政長官），然而其警備衛士當仍屬之衛尉（〈百官表〉上所載列卿之衛尉）。或謂

〔註30〕《漢書》卷二十八上〈地理志〉京兆尹條下：長安（28上/670b）。

〔註31〕關於西漢邊郡、內郡之分，史無明書，大致上因西漢主要的外患爲北邊的匈奴，中期後西北區域多了羌患，至於南方則自武帝平南越後，終西漢之世未再用兵其地；然而南方仍有不少邊郡，據前引應劭《漢官儀》謂：「邊郡，……不給衛士、材官、樓船。」既然包括樓船，顯示南方邊郡亦在不給衛士之列，因此邊郡亦應包括南方邊郡。其次，西北邊郡略當沿長城諸郡，西起玉門關所在的敦煌郡，東迄幽州的玄菟郡，其概數約在三十九左右。（關於邊郡數及郡名，詳見嚴耕望先生《中國地方行政制度史》上篇「秦漢地方行政制度」第三章，p.167～171）。另者，正文所引有關衛士來源之二說皆有可議，至於其詳情如何，實不易得知。撰者在此有一大膽假設，唯其假設故附於註解以就教方家。愚意以爲凡內郡各郡皆在出衛卒之列，而內郡數目究有多少？據《漢書‧地理志》所載，西漢郡國在武帝時是一百零二，加上昭帝所置一，合計百三數；其中王國數二十，邊郡數三十九（見前），餘內郡約得四十四左右，這四十四內郡皆須出衛卒至京服一年的衛士役。然而是否凡內郡及役男子皆須至京服衛士役？據勞榦先生之意，謂「衛士是一種選拔過的兵士」（見氏著，〈漢代兵制及漢簡中的兵制〉p.35），大概是地方長官在每年秋季都試之後，簡選優異者入京服衛士役，唯每郡所出衛士數不一定相等，或許是以某幾個相近郡爲一個單位而逐年輪替以定出人數的多寡。例如今年以三河、弘農數郡爲主要單位出比較多的衛卒，其餘郡縣則出比較少的衛卒；明年輪由另一單位的數郡爲主，其餘諸郡爲輔（三河、弘農仍在出列），如此傳遞相沿，周而復始，而天下諸內郡每年皆有衛卒至京服役。

當長樂等宮不置衛尉時，其衛卒何屬。愚意以爲，以職務上的性質而言，其統轄權分當屬未央宮衛尉主理。

其次論衛士的數目。一般認爲西漢衛士的數目在一～二萬人之間。《漢書》卷六〈武帝紀〉：

> （建元元年）秋七月詔曰：「衛士轉置送迎二萬人，其省萬人。」注引鄭氏曰：「去故置新常二萬人。」

衛士數目原有二萬人，〔註32〕武帝初即位即省減萬人，然而是否衛士數即剩萬人，愚謂不然。按西漢諸帝初即位常有惠民之舉，武帝之省衛卒未嘗沒有這種意味，其後是否續有增加，史文雖未載，然揆之當時實情，其有增置似無可疑。按武帝減衛士在初即位時，其時武帝尙未廣治宮室，且上林苑也未擴建，建章宮還沒興築。其後宮室日盛，相對的衛士數目必然增加，且武帝之前諸寢園陵廟數少，較之後期，所須衛士自不可同日而語。因此建元元年的省減衛士是明省，實際上衛士的數目必定迭有增加，唯增加的數目則不得而知。〔註33〕然則武帝初時的衛士萬人又作何解釋？愚意以爲武帝初年的衛士萬人，當係守未央宮的數目。《漢書》卷七十七〈蓋寬饒傳〉謂寬饒爲衛司馬時，對士卒照顧周詳，甚得士卒尊仰，「及歲盡交代，上臨饗罷衛卒，衛卒數千人皆叩頭自請願復留其更一年，以報寬饒厚德。」（77/1427b）蓋寬饒爲衛司馬，只是衛尉屬官「諸屯衛候、司馬二十二官」之一，這些自願留更的數千衛士，當有非其直領之衛士。本傳謂其「躬案行士卒廬室，視其飲食居處，有疾病者身自撫循臨問，加致醫藥」，是此數千自願留下的士卒可能是蓋寬饒曾經接觸過的人。蓋寬饒爲衛司馬，其最常接觸的自是未央宮的衛士，

〔註32〕 以軍事番代而言，不可能所有的軍隊在一次番代中悉數換新，否則新卒乍到，未經實務的交接實習，未諳狀況何能任事？因此愚意以爲衛卒之數當不只二萬人。

〔註33〕 負責與皇室安危攸關的衛士數目，自武帝建元元年省減萬人後，雖不見其增減詳情，然而史書關於要省減衛士的記載則時有所見。《漢書》卷七十二〈貢禹傳〉記其上書，「言諸離宮及長樂宮衛，可省其太半，以寬繇役。」（72/1369b）另《漢書》卷九〈元帝紀〉，初元三年（西元前46年）條：「六月詔：『其罷甘泉、建章宮衛，令就農。』」（9/124a）西漢諸帝除武帝、成帝喜出遊獵之外，其餘諸帝甚少出遊，絕大部時間皆居於未央宮中。因此元帝罷甘泉、建章宮衛，乃相應於實際情形，所謂衛士「衛於不居之宮」者是。既爲不居之宮，自是可省，由此亦可知武帝於廣治宮室後，衛士數目必不少於建元元年未省萬人之前；其後至元帝時始予省減，唯長安城及城中諸宮之警備並不在省減之列。

以蓋寬饒事觀之，守未央宮的衛士自在數千人之上，其有萬人並非不可能。

　　承上所述，衛士萬人斷非衛士全部數目，然則衛士數目究有多少？愚謂衛卒來源爲內郡的適齡男子，各內郡又分主輔單位以出不同的衛卒。據《漢書》卷七十四〈魏相傳〉：

> 相爲河南太守，……後人有告相賊殺不辜。事下有司，河南卒戍中都官者二、三千人遮大將軍（霍光），自言願復留作一年，以贖太守罪。注引師古曰：來京師諸官府爲戍卒。（74/1388a）

是河南一郡至京師戍守的衛士人數至少有二、三千人，今若以此數乘四十四內郡，所得衛士在八萬餘人至十三萬餘人之間，數目亦甚爲龐大，似乎不大可能。若以主輔單位以出爲數不同的衛卒，其數或不至於如此之多，〔註34〕唯史文無徵，只聊作推論，不能視爲定論。

四、衛尉的職掌〔註35〕

（一）常制性（固定）的職掌

1. 主領諸宮門衛、屯兵以戒非常

　　《漢書》卷十九上〈百官表〉：「衛尉，秦官，掌宮門衛屯兵。」注引師古曰：「《漢舊儀》云：衛尉寺在宮內。」〔註36〕前述衛尉諸屬官皆負責宮門、宮垣地、宮墻的警備，屬各分職長官，由衛尉總掌其事。《漢書》卷三〈高后紀〉載誅諸呂時，朱虛侯劉章「令平陽侯（曹窋）告衛尉毋內相國產殿門」，是衛尉主領宮門衛、屯兵，以戒非常。其次文帝初入長安，即以其代國之中尉宋昌爲衛將軍領南北軍。《漢書》卷四〈文帝紀〉載其事謂：「皇帝即日夕入未央宮，夜拜宋昌爲衛將軍領南北軍，張武爲郎令，行殿中。」（4/69b）郎中令總領郎官，掌守未央宮之宮殿館閣之門戶走廊，與外層之宮衛互爲表裡；文帝分以衛將軍與郎中令統領宮殿的警備，宋昌的衛將軍實兼有衛尉的功能。另昭帝始元五年（西元前82年），有一男子至北闕，自謂衛太子，公車受章上奏，長安城中吏民數萬人聚觀。時「右將軍勒兵闕下，以備非常。」〔註37〕按《漢書》卷

〔註34〕《漢書》卷七十三〈韋玄成傳〉（73/1381b）。

〔註35〕此處衛尉指衛尉卿而言，非泛指衛尉諸官署。

〔註36〕參見衛宏《漢官舊儀》卷上 p.8。《漢官舊儀》宮內作宮中。

〔註37〕《漢書》卷七十一〈雋不疑〉傳（71/1356b）。右將軍，《漢書》卷六十三〈武

十九下〈公卿表〉，昭帝始元四年（西元前83年）條下：「衛尉王莽爲右將軍衛尉，三年卒。」（19下/327a）知始元五年勒兵闕下的右將軍王莽即衛尉王莽。衛尉勒兵闕下即爲防患聚觀的數萬人臨時爲亂，以防衛未央宮的安全。

2. 各領官署治獄

衛宏《漢官舊儀》卷上：「衛尉……奉宿衛，各領其屬、斷其獄。」（p.4）按西漢中都官多有獄，衛尉掌宿衛宮門大事，亦有其所專掌之獄。《續漢·百官志》第二十五衛尉左右都候：本注曰「主劍戟士徼循宮及天子所收考。」（25/1342b）蔡質《漢官典職儀式選用》：「宮中諸有劾奏罪，左都候執戟戲車縛送付詔獄。」（p.2）按左右都候不見於〈百官表〉，據陳直《漢書新證》卷一衛尉條下引《續封泥考略》有「都候丞印」封泥，爲西漢物謂「可證西漢時都候丞即有此官。」〔註38〕則衛尉屬官之左都候負收縛有罪者以送至衛尉官獄。此衛尉治獄，唯不知其究屬對內或對外者。

（二）臨時派遣

衛尉臨時派遣以征伐四夷爲主，臨時派遣時委以將軍之銜。〔註39〕西漢對四夷用兵主要集中於武帝一朝，因此衛尉臨時派遣以將軍名義出擊亦集中

五子燕剌王傳〉作「大將軍恐，出兵以陳之，以自備耳。」（63/1264b）檢《漢書》卷十九下〈公卿表〉昭帝始元四年（西元前83年）條：「衛尉王莽爲右將軍衛尉，三年卒。」（19下/327a）王莽字稚叔，天水人，昭帝始元元年（西元前86年）爲衛尉（19下/327a）。《漢書》卷六十三〈武五子燕剌王傳〉記燕剌王旦欲謀奪帝位，修書與蓋長公主，「蓋主報言，獨患大將軍與右將軍王莽，今右將軍物故」云云（63/1264b）。蓋長公主之忌憚霍光乃因光秉政治大權，其憚固然；若王莽當係領有重兵，且爲霍光之親信（見《漢書》卷六十八〈霍光傳〉68/1323b），故蓋長公主有是慮，由此亦可知，王莽乃當時朝廷的重臣。

〔註38〕陳直，《漢書新證》卷一 p.41。

〔註39〕衛尉臨時派遣加以將軍之銜，或謂其時是否仍領衛尉。考《漢書》卷十九下〈公卿表〉，李廣於元光元年出任衛尉，一直到元光六年秋始有韓安國爲衛尉，韓安國之後至元朔三年始有蘇建爲衛尉，蘇建之後直到元狩二年始有張騫爲衛尉，張騫後衛尉有充國（元狩五年──元鼎二年）、路博德（元鼎五年後），上述數人爲武帝時以衛尉加銜將軍征伐四夷者，其出征時並未見有他人代其原衛尉職，知武帝時諸衛尉加銜將軍出擊，仍領原衛尉職。另昭帝時田廣明於始元四年出任衛尉，五年遷，合當元鳳二、三年之交，故其加銜將軍出擊仍爲衛尉無疑。另昭帝元鳳三年、六年；宣帝本始二年之范明友，其自元鳳三年至宣帝地節三年之間一直任衛尉，故其出擊仍領衛尉更可無疑。

於武帝時期，尤其是元光二年（西元前 134 年）馬邑之謀至元狩二年（西元前 121 年）為主，計有：

1. 元光元年（西元前 135 年）冬十一月，以衛尉李廣為驍騎將軍屯雲中，歷時六月罷。〔註40〕（6/85b）

2. 元光二年（西元前 134 年）夏六月，以衛尉李廣為驍騎將軍屯馬邑，歷時六月罷。〔註41〕（6/86b）

3. 元光六年（西元前 129 年）冬，以衛尉李廣為驍騎將軍出鴈門。〔註42〕（6/87a）

4. 元光六年（西元前 129 年）秋，以衛尉韓安國為材官將軍屯漁陽。（52/1130a）

5. 元朔五年（西元前 124 年）春，以衛尉蘇建為游擊將軍隨大將軍衛青出朔方。〔註43〕（6/89a）

6. 元朔六年（西元前 123 年）以衛尉蘇建為右將軍再從大將軍出定襄。（54/1148b）

7. 元狩二年（西元前 121 年）春三月後，衛尉張騫、郎中令李廣皆出右北平擊胡。〔註44〕（6/90b）

8. 元鼎五年（西元前 112 年）秋，南越相呂嘉反，以衛尉路博德為伏波將軍出桂陽伐破南越。〔註45〕（55/1162a）

〔註40〕衛尉之外，尚有車騎將軍程不識。《漢書》卷六〈武帝紀〉謂：「中尉程不識為車騎將軍。」（6/85b）《漢書・公卿表》不見有中尉名程不識者，且元光元年之中尉為張歐（19下/320a）。《漢書》卷五十四〈李廣傳〉記李廣為未央衛尉，程不識為長樂衛尉（54/1441a）。《漢書》卷五十二〈灌夫傳〉，田蚡亦謂：「程、李俱東西宮衛尉。」（52/1124a）未央宮於長安中為西，長樂宮則為東，故知程不識時為長樂衛尉。

〔註41〕另有御史大夫韓安國為護軍將軍，太僕公孫賀為輕車將軍，大行王恢為將屯將軍，太中大夫李息為材官將軍。

〔註42〕另有車騎將軍衛青出上谷，騎將軍公孫敖出代，輕車將軍公孫賀出雲中。

〔註43〕衛青共領六將軍：衛尉蘇建為游擊將軍，左內史李沮為彊弩將軍，太僕公孫賀為騎將軍，代相李蔡為輕車將軍俱出朔方。大行李息、岸頭侯張次公為將軍，出右北平。以上俱見《漢書》卷二十七中之上〈五行志〉p.622b。

〔註44〕張騫為衛尉〈公卿表〉繫於元狩三年（西元前 120 年），《漢書・武帝紀》則繫於元狩二年（西元前 121 年），且此次戰役後張騫因後期當斬，後贖為庶人。按元狩三年並無軍事行動，因此張騫為衛尉當在元狩二年，今從本紀。

〔註45〕《漢書・武帝紀》但謂：「伏波將軍路博德出桂陽。」（6/94a）未記博德為衛尉。據〈公卿表〉與〈路博德本傳〉（55/1162a）則為衛尉。路博德之外，尚

武帝後漢廷對外征伐少，其中昭、宣兩朝共有四次以衛尉伐四夷之舉：

9. 昭帝元鳳元年（西元前80年），武都氐人反，遣衛尉田廣明將三輔太常徒往擊。〔註46〕

10. 元鳳三年（西元前78年），遼東烏桓反，以中郎將范明友為度遼將軍衛尉往擊〔註47〕

11. 元鳳六年（西元前75年），烏桓復犯塞，遣度遼將軍衛尉范明友往擊。〔註48〕（7/108a）

12. 宣帝本始二年（西元前73年），匈奴犯邊，度遼將軍衛尉范明友與四將軍往擊〔註49〕（8/111b）。

凡衛尉領兵征伐四夷計十二次，若以人計（同一人算一次）得七人，衛尉出征四夷在諸警備長官中為數最眾，且七人中武將居絕大多數；其若非出身邊郡，熟悉戰陣兵法者，即屬熟悉邊事或有實戰經驗者，〔註50〕此或即為

〔註46〕　有主爵都尉楊僕為樓船將軍。

《漢書》卷七〈昭帝紀〉元鳳元年（西元前80年）條作大鴻臚廣明（7/106b）。據〈公卿表〉，田廣明於始元四年（西元前83年）以大鴻臚為衛尉，五年遷（19下/327a）。始元四年去元鳳元年已四年，時田廣明已不為大鴻臚。按昭帝始元四年冬，田廣明曾以大鴻臚身分將兵擊益州（7/105b），《漢書》卷九十〈酷吏田廣明傳〉亦謂：「昭帝時廣明將兵擊益州，還賜爵關內侯徙衛尉。」（90/1569a）故元鳳元年時田廣明已自大鴻臚遷衛尉數年矣。另此役共同往征者尚有執金吾馬適建及龍頭侯韓增。

〔註47〕　〈公卿表〉田廣明於始元四年為衛尉，五年遷，合當於元鳳三年（西元前78年）。〈公卿表〉元鳳三年條：「中郎將范明友度遼將軍衛尉，衛尉并將軍」（19下/328a）按《漢書》卷七〈昭帝紀〉元鳳三年條下：「以中郎將范明友為度遼將軍」（7/107b）。〈公卿表〉多了衛尉二字，此當係范明友先以中郎將為度遼將軍再拜為衛尉，而此時范明友正取代田廣明職。〈公卿表〉又書「衛尉并將軍」，乃時范明友為度遼將軍又為衛尉，故合書之，並非以後衛尉皆并將軍。

〔註48〕　元鳳三年後衛尉并將軍，范明友亦自此年至宣帝地節三年（西元前67年）一直居此官職（19下/328a～329b）。

〔註49〕　四將軍者：御史大夫田廣明為祁連將軍，後將軍趙充國為蒲類將軍，雲中太守田順為虎牙將軍，前將軍韓增，見《漢書》卷八〈宣帝紀〉（8/111b）。

〔註50〕　韓安國於景帝時曾為梁國內史、北地都尉。馬邑之謀時以御史大夫為護軍將軍，後為中尉遷衛尉；再出屯漁陽、右北平太守。蘇建雖為關中杜陵人，然曾以校尉隨衛青山擊匈奴，其後出為衛尉。李廣更是典型邊郡熟習戰陣的良家子。張騫則是熟悉邊地事務。路博德先為右北平太守，從霍去病征胡，後遷衛尉。田廣明以天水司馬起官，歷河南都尉、淮陽太守、大鴻臚，並以大鴻臚擊益州，後再遷衛尉。范明友則以中郎將受拜為度遼將軍、衛尉，其後以霍光婿長居是職。以上諸人皆見各本傳，范明友見〈霍光傳〉。

何衛尉征伐四夷多於其它警備機構長官的原因。

五、瑣　徵

衛士徵詣京師，丞相須親自出迎。衛宏《漢官舊儀》卷上：「衛士初至未入，君候〔註51〕到都門外，勞賜吏士。」（p.6）衛士役滿，天子於曲臺殿設宴饗罷衛士。《漢書》卷七十六〈王尊傳〉有謂：「正月行幸曲臺，臨饗衛士。」（76/1423a）按曲臺殿於漢文帝之前即有，〔註52〕唯不知其時是否已有臨饗衛士之制。

衛士役期一年，期滿則番代。《漢書》卷七十七〈蓋寬饒傳〉記寬饒爲衛司馬，對士卒撫愛有加，「及歲盡交代，上臨饗罷衛卒，衛卒數千人皆叩頭自請願復留其更一年，以報寬饒厚德。」（77/1427b）知衛卒於一年期滿後即罷歸本籍，此爲定制。至於王莽時，「衛卒不交代三歲」，〔註53〕則是特例，史書特予明書。

衛士所著衣服爲絳色戎服，其冠則爲小冠。〔註54〕《漢書》卷二十七下之上〈五行志〉載故公車大誰卒王褒衣絳衣、小冠、帶劍入至前殿，王褒所著即衛士的服飾。

衛尉爲衛士的主官，身負警備宮門衛、屯兵之大責，非有特詔不得擅離職守。《漢書》卷十七〈景武昭宣元成功臣表〉邗侯李壽於武帝征和三年（西元前90年），「坐爲衛尉居守，擅出長安界，送海西侯（李廣利）至高橋，又使吏謀殺方士，不道，誅。」（17/276b）《漢書》卷十九下〈公卿表〉征和三年條亦謂：「邗侯李壽爲衛尉，坐居守擅出長安界，使吏殺人，下獄死。」（19下/326b）擅離職守或尙不至於死，然刑責恐亦不輕；使吏殺人亦不定要下獄

〔註51〕所謂君侯即指丞相，如《史記》卷一百七〈魏其武安侯傳〉：「武帝以……魏其侯爲丞相，武安侯爲太尉。籍福賀魏其侯，因弔曰：『君侯資性喜善疾惡，方今善人譽君侯，故至丞相；然君侯且疾惡，惡人衆，亦且毀君侯。』」（107/1167b～1168a）
〔註52〕《漢書》卷七十五〈翼奉傳〉記奉上疏元帝，請罷宮室苑囿，中云：「孝文皇帝（時），……未央宮……獨有前殿、曲臺、漸臺、宣室、溫室、承明耳。」（75/1404a）據此則曲臺當在未央宮中。
〔註53〕《漢書》卷九十九中〈王莽傳〉（99中/1742a）。
〔註54〕蔡邕《獨斷》卷下謂衛士冠爲樊噲冠與卻敵冠。前者爲司馬門大誰衛士所戴，後者爲監門衛士所戴。（p.29）

誅死，據前引〈功臣表〉，李壽之下獄死，當係擅離職守與使吏殺人二罪并論，乃至於死。

衛尉宮署在宮中。衛宏《漢官舊儀》卷上：「衛尉寺在宮中」（p.8）。

衛尉的衛士主守宮門，而宮門於晝漏盡時即關閉，雖宮中侍從及皇親，無有詔命亦不得出入。《漢書》卷六十八〈金日磾〉傳：

> 上（武帝）行幸林光宮，……（馬）何羅與通及小弟安成矯制夜出。
> （68/1332a.b）

《漢書》卷七十四〈魏相傳〉：

> （相說宣帝，謂霍氏權勢過盛、霍）光夫人顯及諸女皆通籍長信宮。
> 或夜詔門出入，驕奢放縱，恐寖不制。（74/1388b）

《漢書》卷九十三〈石顯傳〉：

> 顯嘗使吏至諸官署有所徵發，顯先自白，恐後漏盡，宮門閉，請使詔吏開門，上許之。顯故投夜還，稱詔開門入。後果有上書告顯顓命矯詔，開宮門。（93/1590a）

凡此皆宮門晝漏盡即關閉，不論何人皆止其出入。霍光夫人及諸女皆通籍長信宮，馬何羅兄弟為武帝的近侍，石顯為中書令，皆可謂宮中之人，然其欲夜出入宮，皆須先有詔命，否則只有矯制，才能出入。

第五章　殿衛——光祿勳（郎中令）

《漢書》卷十九上〈百官表〉郎中令條：

郎中令，秦官。掌宮殿掖門戶，有丞。武帝太初元年更名光祿勳。

屬官有大夫、郎、謁者皆秦官；又期門，羽林皆屬焉（19上/301b）

一、官署組織

（一）郎中令丞

〈百官表〉未言幾人，史文亦不見記載。〈百官表〉謂：「自太常至執金吾，秩皆中二千石，丞皆千石。」（19 上/306b）千石亦屬高秩，故郎中令丞當為郎中令主要佐官。

（二）諸郎、郎將 [註1]

郎中令的屬官中，大夫不在宿衛之列，負責宿衛警備任務的為一般郎官。《漢書·百官表》謂：「郎，掌守門戶，出充車騎。有議郎、中郎、侍郎、郎中皆無員，多至千人。議郎、中郎秩比六百石，侍郎比四百石，郎中比三百石。中郎有五官、左、右三將，秩皆比二千石。郎中有車、戶、騎三將，秩皆比千石。」（19 上/302a.b）凡上述諸郎除了議郎之外，皆須執勤宿衛，以及充任皇帝車駕的警衛。應劭《漢官儀》卷上謂：「議郎，……不屬署，不直事。」

〔註 1〕 本節光祿勳所屬諸郎指負責宿衛之郎，與其它郎官無涉。

（p.12）《漢書‧百官表》所述議郎與其它諸郎無別，《續漢‧百官志》第二十五光祿勳條下，議郎列於大夫之末，並謂：「凡太夫，議郎皆掌顧問應對，無常事，唯詔命所使。」（25/1341b）嚴耕望先生謂：「百官表所述時三署制度尚未形成，區別未顯。」〔註2〕嚴先生所謂「區別未顯」指其所屬之署。至於議郎不直事之「直事」乃執勤宿衛之意，考之史文確無議郎直事的記載，可知《漢官儀》所述當為兩漢同制。議郎之外的諸郎皆須直事，且各屬分職長官。據《漢書‧百官表》，中郎、郎中各有三將主領其事。

1. 五官、左、右中郎、將

郎分中郎、郎中，秦時已有。《史記》卷六〈秦始皇本紀〉記二世元年，「行誅大臣及諸公子，以罪過連逮少近官三郎，無得立者。」（6/129a）所謂三郎，嚴耕望先生謂：「必中郎、郎中、外郎。」又謂：「郎中員額日廣，與君主之關係遂有親疏之別。有以郎中給事禁中，視普通郎中尤為親密，故稱中郎，秩位亦高。」〔註3〕是中郎乃諸郎之中較親近君主的宿衛職。《漢書》卷五十〈汲黯傳〉：「（武帝）召黯拜為淮陽太守……黯泣曰：『……今病力，不能任郡事。臣願為中郎，出入禁闥，補過拾遺，臣之願也。』」（50/1101a）《漢書》卷七十五〈京房傳〉，謂元帝欲以京房為魏郡太守，京房上書言願以其職與其弟子中郎任良互換，以便「得居內」（75/1398b～1400b）。前引汲黯不願出為郡守，寧可為中郎，得以出入禁闥，與京房之願留京得居中用事，其義同因中郎得親近天子故。中郎亦為宿衛之職，其宿衛或即在殿下的階陛上。《三輔黃圖》曰：「陛所由升堂也，天子必有近臣執兵，階陛以戒不虞。」《漢書》卷六十五〈東方朔傳〉記朔為中郎，武帝為竇太主置酒，欲引董偃入，時朔「陛戟殿下。辟戟而前曰……。」（65/1299b）是中郎衛於殿下之證。

中郎分屬五官、左、右三中郎將。《漢書‧百官表》未言分屬情形為何，衛宏《漢官舊儀》卷上謂：「五官中郎將，秩比二千石，主五官郎中（當為中郎）。左、右中郎將，秩比二千石，主謁者，常侍、侍郎。」（p.3）按謁者自有僕射主領，《漢官舊儀》所述或為部分時期的情形，至於侍郎，西漢中葉後時有所見，或以之屬中郎將（見下文）。

三中郎將所領中郎，在西漢時究以何者為分派區別，史文無徵。《續漢‧百官志》第二十五光祿勳屬吏五官中郎將條下，注李賢曰：「郎年五十以上以屬五

〔註2〕嚴耕望先生，〈秦漢郎吏制度考〉P.98。
〔註3〕同註二 P.92。

官」，以此觀之，或係以郎的年齡、資歷為分派標準。《文選》張衡〈思玄賦〉謂：「尉彪眉而郎潛兮，逮三葉而遘武。」注謂：「漢武故事：孝武過郎署，見一郎鬢眉皓白，問：『何其老也？』對曰：『臣顏駟。文帝好文，臣好武；景帝好老，臣尚少；陛下好少，臣已老，是以三葉不遇。』上擢為都尉。」〔註4〕此老郎顏駟或即為五官中郎，唯是否凡年滿五十以上的中郎皆屬五官中郎將，抑或尚有其它限制則不得而知。

五官中郎將見於史文者有成帝元延年間之房鳳，〔註5〕哀帝建平年間之公孫祿，〔註6〕平帝年間之孔永，〔註7〕王莽地皇年間之劉疊。〔註8〕上述四者年代最早者在成帝元延年間（西元前12～9年），已是西漢晚期事，此或是三署制成立後事。

五官中郎將之外，復有左、右中郎將。關於後者，《史》、《漢》文獻中但書中郎將而無分左、右，唯西安漢城出土漢瓦中有「左將」瓦、「右將」瓦，此當係左、右中郎將二官署所使用之瓦，〔註9〕唯左、右中郎將之分，或與五官中郎將同時。〔註10〕左、右中郎將亦領中郎，前引《漢官舊儀》謂：「左、右中郎將……主謁者、常侍、侍郎」；《續漢·百官志》謂：「左、右中郎將，各主左、右署之中郎、侍郎」，二者合而觀之，當係左中郎將主左中郎，兼領謁者；右中郎將則主右中郎，兼領常侍、侍郎。關於左、右中郎將主左、右中郎可以無疑，至於兼領謁者、常侍、侍郎則不見於《漢書·百官表》，按據《漢書·百官表》，謁者自有僕射主領，似不屬於中郎將，《漢官舊儀》所述

〔註4〕宋本六臣注《文選》。

〔註5〕《漢書》卷八十八〈儒林房鳳傳〉：「大司馬票騎將軍王根奏除補長史，薦鳳明經通達，擢為光祿大夫，遷五官中郎將。」（88/1554b）按王根為大司馬票騎將軍在成帝元延元年至綏和元年（西元前12～8年）

〔註6〕《漢書》卷十九下〈公卿表〉哀帝建平二年條下：「五官中郎將潁川公孫祿中子為執金吾。」（19下/338a）

〔註7〕《漢書》卷十八〈外戚恩澤侯表〉，寧鄉侯孔永，「以侍中五官中郎將與劉歆等共治明堂，侯。」（18/295a）

〔註8〕劉疊為劉歆長子，新莽地皇年間為侍中五官中郎將，甚受王莽之信愛。見《漢書》卷九十九下〈王莽傳〉（99下/1756a）

〔註9〕陳直，《漢書新證》卷一P.39。

〔註10〕《續漢·百官志》第二十五中郎分左右署（25/1340b），依嚴耕望先生之意乃東漢制度，西漢則無有分署制度。見氏著，〈秦漢郎吏制度考〉P.97。衛宏《漢舊儀》載左、右中郎將亦未言分左、右署；其後應劭《漢官儀》卷上始謂：「五官中郎將，左、右中郎將曰三署。署中各有中郎、議郎、侍郎、郎中皆無員，多至千人。」P.10。應說與《續志》大同，唯其將議郎列於三署則非。

可能是一時之制，行之甚短，故不僅《漢書‧百官表》未記其事，即《續漢‧百官志》亦不載謁者屬中郎將之事。至於侍郎，漢初有常侍之稱，然未見侍郎之號，侍郎至武帝時始有。〔註11〕侍郎初設本為武帝擢郎中以常侍左右，故稱之常侍郎、侍郎；至西漢中葉後；侍郎更加常見，有與論經義者，〔註12〕亦有以侍郎出屯者；〔註13〕凡此皆職任甚明，已非初設時之常侍左右了。侍郎由常侍左右演變為與一般郎官無異，因此可能就將之劃屬左、右中郎將，不特另置將率；至於何以劃屬中郎將而非郎中將，可能是侍郎本為常侍天子左右，地位稍高於一般郎中而與一般中郎近類，故將之劃屬中郎將。

中郎將領諸中郎，秩比二千石，可算是高級武吏。中郎將除主領職司警備宿衛的中郎之外，亦常有隨從天子車駕出者。《史記》卷一百一〈袁盎傳〉：

袁盎，（文帝）時為中郎將……上幸上林。皇后、慎夫人從。其在禁中，常同席座。及座，郎署長布席。袁盎引卻慎夫人坐。〔註14〕

（101/1122a.b）

《史記》卷一百二〈張釋之傳〉：

（釋之），文帝時至中郎將，從行至霸陵。〔註15〕（102/1128b）

《史記》卷一百三〈衛綰傳〉：

綰，……事文帝，功次遷為中郎將……景帝幸上林，詔中郎將參乘

〔註11〕《史記》卷一百九〈李將軍傳〉，李廣於文帝時曾「為郎，武騎常侍，秩八百石。」〈索隱〉謂：「為郎而補武騎常侍。」（109/1178b）《史記》卷一一七〈司馬相如傳〉，相如於景帝時亦曾「以貲為郎，事孝景帝為武騎常侍。」（117/1238b）是漢初文、景之時有常侍之稱，然似尚無侍郎之號。據《漢書》卷五十六〈董仲舒傳〉，仲舒於武帝初對策云：「夫長吏多出於郎中、中郎、吏二千石子弟。」（56/1168b）亦未言及侍郎，是武帝初亦尚無侍郎之名。其後武帝有以郎給事內侍，始漸有侍郎之稱，且終漢世未改。侍郎最早見於《漢書》卷六十五〈東方朔傳〉，武帝「以朔為常侍郎，遂得愛幸。」（65/1296a）朔為常侍郎在武帝初年，與前引董仲舒對策約略同時，蓋是董仲舒上策時尚未有常侍郎；或是雖已有卻不若郎中、中郎的普遍。其後史文常侍郎則時有所見，如《漢書》卷三十〈藝文志〉賦家有「常侍郎莊忽奇賦十一篇」（30/900a），《漢書》卷六十六〈劉屈氂傳〉則有侍郎莽通從武帝至甘泉（66/1307a），《漢書》卷二十一上〈律曆志〉有侍郎尊與造太初曆（21上/405b），凡此皆在武帝中葉後。

〔註12〕《漢書》卷八十八〈儒林瑕丘江公傳〉：「侍郎申輓、內侍郎許廣與石渠議。」（88/1554b）按許廣稱內侍郎，似此時侍郎已分內外。

〔註13〕《漢書》卷七十〈鄭吉傳〉，宣帝時吉以侍郎屯田渠黎（70/1346b）。

〔註14〕《漢書》卷四十九〈爰盎傳〉同（49/1083a）。

〔註15〕《漢書》卷五十〈張釋之傳〉同（50/1095a）。

〔註16〕（103/134b）

《史記》卷一二二〈酷吏郅都傳〉：

> 孝景時，都爲中郎將……嘗從入上林。賈姬如廁，野彘卒入廁，上
> 目都，都不行。〔註17〕（122/1249a）

上述四事皆在漢初文、景之時，其後武帝時對外戰爭頻仍，中郎將亦有將兵
隨軍出征者，計：

> 元封二年（西元前 109 年）秋，遣將軍郭昌、中郎將衛廣發巴蜀兵
> 平西南夷未服者。〔註18〕（6/97a）

> 太初元年（西元前 104 年），中郎將□江，中郎將□朝隨貳師將軍李
> 廣利征大宛。（61/1244a）

昭帝時亦有一次：

> 元鳳三年（西元前 78 年）冬，以中郎將范明友爲度遼將軍擊烏桓。
> 〔註19〕（7/107b）

另昭帝初，趙充國以中郎將將屯上谷，此雖非將兵出擊，然而與軍興有密切
的關係，可視爲戰事的一部分。

宣帝時也有一次：

> 神爵元年（西元前 61 年），遣中郎將趙卬將支兵援擊西羌之趙充國。
> （69/1388a）

宣帝之後，對外戰事幾戢，因此不再有中郎將將兵出擊之載。

中郎將另一重要職務爲持節使外，關於這點，廖伯源師論之已詳，此處
不贅。〔註20〕

2. 車、戶、騎郎中、將

《漢書》卷十九上〈百官表〉：「郎中，比三百石……郎中有車、戶、騎三
將，秩皆比千石。」是郎中、郎中三將比前述之中郎、中郎將，其秩爲低，此
爲兩漢同制。按郎中其來源甚早，嚴耕望先生謂：「『郎』之爲言『廊』也，君

〔註16〕《漢書》卷四十六〈衛綰傳〉同（46/1055b）。
〔註17〕《漢書》卷九十〈酷吏郅都傳〉同（90/1563b）。
〔註18〕《漢書》卷九十五〈西南夷傳〉作「中郎將郭昌、衛廣」（95/1626b）。
〔註19〕范明友亦於是年遷衛尉，見〈公卿表〉元鳳三年條（19 下/328a）。
〔註20〕詳見廖師，〈漢代使者考論之二——使者與行政官員之關係及使者演變爲行
　　　政官員的一些跡象〉P.422～427。

主侍衛，居於殿閣四周廊屋之中，故曰『郎中』。」〔註21〕而郎中之秩比之中郎
爲低，乃因「郎中員額日廣，與君主之關係遂有親疏之別。有以郎中給事禁中，
視普通郎中尤爲親密，故稱中郎，秩位亦高。」〔註22〕知郎中之秩未增而擢自
郎中之中郎以親密故得增秩。郎中之秩較低，而其於諸郎之中，員額或許也最
多。《漢書》卷四十三〈叔孫通傳〉：「漢七年，長樂宮成，諸侯群臣皆朝十月。
儀……殿下郎中俠陛，陛數百人。」注引師古曰：「俠與挾同。挾其兩旁，每陛
皆數百人也。」（43/1032b）此爲叔孫通爲漢高祖始定朝儀時初制，其後郎中不
見有減省，知郎中員額必甚眾。《漢書·百官表》謂：「議郎、中郎、侍郎、郎
中皆無員，多至千人。」則單只郎中之數已過半矣。〔註23〕

　　郎中又以所宿衛、出從分車、戶、騎郎中三種，其直屬長官即爲車、戶、
騎郎中將。〔註24〕

　　（1）郎中車將主領車郎。郎中車將其初名或爲「車郎中令」，然而此當
僅是西漢初期的名稱。〔註25〕郎中車將不見於史文，唯《漢書》卷六十九〈辛
慶忌傳〉謂：

> （慶忌）以金城長史舉茂材，遷郎中車騎將軍，朝廷多重之者，轉
> 爲校尉，遷張掖太守。（69/1343a）

辛慶忌既然名重朝廷，似不當以車騎將軍遷爲校尉，且其並無任何罪衍，似
無降官若斯之疾的理由；因此將軍之軍當爲衍字（《補注》引劉敞、齊召南、
沈欽韓諸說，亦皆謂「軍」乃衍字（69/1343a）故「郎中車騎將軍」似作「郎

〔註21〕前引氏著，〈秦漢郎吏制度考〉P.91。

〔註22〕同上 p.92。

〔註23〕按孫星衍輯《漢官舊儀補遺》謂：「議郎，特徵賢良方正、敦朴有道、第公府
掾試博士者，拜中郎也。」又謂：「議郎十二人，不屬署，不直事。」（P.23）
此當爲後漢時制，後漢議郎僅十二人，則西漢議郎數恐也不多。另孫輯《漢
官》則謂：「議郎，五十人，無常員。」（P.3）既言五十人，又言無常員，其
義不明。應劭《漢官儀》卷上謂：「議郎十二人，不屬署，不直事。」（P.13）
應說與《漢官舊儀補遺》同。

〔註24〕衛宏《漢舊儀》卷上（P.5）。《漢書》卷十九上〈百官表〉：「郎中有車、戶、
騎三將，秩皆比千石。」注如淳引《漢儀》注：「左、右車將主左、右車郎，
左、右戶將主左、右戶郎也。」（19上/302a）

〔註25〕陳直，《漢書新證》引《雙劍誃古器物圖錄》卷下 42 頁，有「車郎中令」封
泥。見陳氏書（p.40）。陳氏謂此爲西漢初期之官制，考《史》、《漢》皆不見
此官名，如果眞是西漢初期官名，則其使用時間必不長，或許郎中戶將、騎
將之初名亦皆曾稱爲「戶郎中令」、「騎郎中令」，文獻無徵，只當推臆。

中車騎將」爲當。然據《漢書・百官表》但有郎中車將、騎將、無有郎中車騎將，可知車騎二字必有一衍字。考漢自武帝創羽林、期門制後，騎郎之職漸爲所奪，而騎將亦不常置，辛慶忌時當宣、元之世，去武帝已遠，故其爲郎中車將的可能或多於郎中騎將。其次，車郎中、戶郎中見於史文者多有後於武帝時者，唯騎郎則皆屬武帝之前；〔註26〕據此則武帝後騎郎中之主官郎中騎將或已不置。職是之故，辛慶忌之「郎中車騎將」更有可能是「郎中車將」的衍文。

　　郎中車將領車郎中，車郎所職爲「主車御」。《漢書・百官表》：「郎中有車、戶、騎三將。」注引如淳曰：「主車曰車郎。」（19 上/302a）另《漢書》卷三十〈藝文志〉賦家有車郎張豐賦三篇（30/900b）。此車郎即車郎中。車郎亦稱輦郎。《漢書》卷三十六〈劉向傳〉：「（向），年十三，以父德任爲輦郎。」注引服虔曰：「輦郎，如今引御輦郎也。」（36/964b）。亦名奉車郎。桓譚《新論》謂：「余年十七，爲奉車郎。」《後漢書》卷二十八上〈桓譚傳〉：「譚，……父成帝時爲太樂令，譚以父任爲郎。」（28 上/351a），桓譚以郎奉車，故謂之奉車郎。

　　（2）郎中戶將主領戶郎。《漢書》卷七十七〈蓋寬饒〉傳：

　　　　（寬饒），以孝廉爲郎，舉方正對策高第，遷諫大夫，行郎中戶將事。

　　　劾奏衛將軍張安世子侍中陽都侯彭祖不下殿門。注引師古曰：「戶將者，主戶衛也。」（77/1427a）

郎中戶將主司殿門護衛，亦簡稱戶將。《漢書》卷六十六〈楊惲傳〉有戶將尊，注引師古曰：「官名，主戶衛，屬光祿勳也。」（66/1310b）另《漢書》卷八十八〈儒林蔡千秋傳〉：「以千秋爲郎中戶將，選郎十人從受（《穀梁詩》）。」（88/1554b）戶郎職司殿門警備。《史記》卷一百二十六〈褚少孫補滑稽王先生傳〉：「武帝徵北海太守詣行在所，有文學卒史王先生者，自請與太守俱……王先生徒懷錢沽酒，與衛卒僕射飲……太守入跪拜，王先生謂戶郎曰：『幸爲我呼吾君，至門內遙語。』戶郎爲呼太守」。〔註27〕（126/1331a.b）《漢書》卷六十八〈霍光傳〉：「光，……每出入下殿門，止進有常處，郎僕射竊識視

〔註26〕騎郎中或曰郎中騎，史文所見年代最遲者爲武帝初年之公孫敖，見《漢書》卷五十五〈衛青傳〉（55/1153b）。

〔註27〕此事《漢書》卷八十九〈循吏龔遂傳〉記爲宣帝時事（89/1561a.b），時代有異，所陳對之事則相符，或係褚少孫誤繫於武帝時。

之，不失尺寸。」（55/1323b）戶郎職司戶衛，對出入殿門的人，須負責察驗，以阻止不當入之人。《漢書》卷八十六〈王嘉傳〉：「嘉，……以明經射策甲科為郎，坐戶殿門失闌，免。」（86/1506a）此王嘉未阻止不當入殿門之人，有失職守，故遭免職處分，嘉當為戶郎中。至於劾奏不下殿門之責，當屬戶郎的主官郎中戶將，前引〈蓋寬饒傳〉，寬饒行郎中戶將事劾奏張安世子張彭祖不下殿門者是。

　　（3）郎中騎將主領騎郎中（郎中騎）。郎中騎、郎中騎將皆見於漢初為眾，至遲在武帝時。《史記》卷九十五〈樊噲傳〉：

　　　　噲，……遷郎中騎將，從擊秦軍騎壤東〔註28〕（95/1086a）：

同卷〈灌嬰傳〉：

　　　　（高祖）拜嬰為中大夫令……將郎中騎兵，擊楚騎於滎陽東……（其後）將郎中騎兵，東屬相國韓信〔註29〕（95/1090b～1091a）。

《史記》卷十八〈高祖功臣侯者年表〉所記郎騎、郎中騎、郎中騎將計：

　　　　魏其侯周定（《漢書》卷十六、〈高祖功臣表〉、作周止）：「以郎中入漢……定三秦，為郎中騎將。」

　　　　宣曲侯丁義：「為郎騎，破鍾離眛軍，侯。」

　　　　陽河侯其石：「以郎騎從定諸侯。」

　　　　中水侯呂馬童：「以郎中騎將……從起好時。（〈漢表〉作郎騎將）」

　　　　杜衍侯王翳（翥）：「以郎中騎……從起下邳。」

　　　　赤泉侯楊喜：「以郎中騎……從起杜。」

　　　　吳房侯楊武：「以郎中騎將……從下邳。」

　　　　汾陽侯靳彊：「以郎中騎、千人……從起陽夏。」

上述諸騎郎、郎中騎、郎中騎將皆在從征之列，此漢初兵戎時之情況，此尚是有功封侯者，若其它未封侯或死於戰事者或更多，此或係六國、秦以來，騎郎之數眾且專習戎務故也。

　　高祖平天下後，雖迭有與匈奴小交戰，然未再見騎郎、騎郎將出征之載，此或係其時郎已但司警備宿衛，不再從軍出征。騎郎最後見於史文在武帝時。

───────────

〔註28〕《漢書》卷四十一〈樊噲傳〉作「遷為郎中騎將，從繫秦車騎壤大東。」（41/1012a.b）
〔註29〕《漢書》卷四十一〈灌嬰傳〉同（41/1016b）。

《漢書》卷五十五〈衛將軍傳〉：「大長公主執囚青，欲殺之，其友騎郎公孫敖與壯士往篡取之。」（55/1153b）此事在衛青為平陽侯家騎時，略當武帝建元年間。騎郎將最晚則是景帝時的李廣。《漢書》卷五十四〈李廣傳〉：「孝景初立，廣為隴西都尉，徙為騎郎將。」（54/1141a）其後史文未再出現騎郎、騎郎將，反是武帝所創置的期門、羽林時有所見，並常從出入，甚至征伐四夷；故嚴耕望先生謂：「自武帝創羽林，期門制後，騎郎之職遂為所奪，並騎將亦不常置。」〔註30〕所言甚是。

　　前述泛論西漢郎官，雜而無系統。嚴耕望先生在其大作〈秦漢郎吏制度考〉一文中有詳述，且將郎官之分屬予以分期、加以歸類，圖明意切，後學斗膽，援引如下：

第一期──秦及漢初

第二期　西漢中葉（漢武以後）

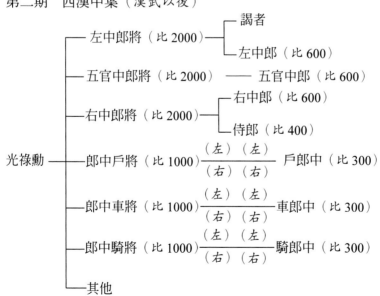

（注：有主事，不知所屬）

（資料來源：〈秦漢郎吏制度考〉之原表 p.98）

〔註30〕見前引氏著，〈秦漢郎吏制度考〉p.96。

（三）期門、羽林郎

《漢書》卷十九上〈百官表〉郎中令條下：

> 期門，掌執兵送從，武帝建元三年初置。比郎，無員，多至千人，有僕射，秩比千石。平帝元始元年更名虎賁郎，置中郎將，秩比二千石。羽林，掌送從，次期門，武帝太初元年初置，名曰建章營騎，後更名羽林騎。又取從軍死事之子孫養羽林，官教以五兵，號曰「羽林孤兒」。羽林有令丞，宣帝令中郎將、騎都尉監羽林，秩比二千石。
> （19 上/302b）

期門之號，武帝之前不見著史文，〈百官表〉謂：「武帝建元三年初置」，既言初置，則當係前此無有。按武帝初即位即時常出獵，經常是「夜漏下十刻乃出」，[註31] 此時若要以郎官從出，勢必會驚動宮中，且郎官自有執勤休息的固定時間，自不宜任以它事動用，此外郎官亦不見得善於騎射；因此有必要另謀它途。於是武帝乃「與侍中、常侍、武騎及待詔隴西、北地良家子能騎射者期諸殿門」[註32] 出獵，故此後始有期門之號。期門之始，乃因應武帝出獵之便所產生的，因此其始置時人數或尚未達〈百官表〉所謂的「多至千人」，唯其增加可能甚快。按武帝初年出獵常「齎五日糧，會朝長信宮」，[註33] 長信宮當時為竇太后所居，武帝甚尊懼竇太后；其後竇太后於建元六年（西元前 135 年）崩，從此武帝出獵更加頻仍，期門人數之增當係始於此時。

期門初設乃因應武帝狩獵之便，其後遂成常制隨從，且極可能漸次取代原先的騎郎（見前述騎郎），考之史文，武帝後期門經常可見，而騎郎卻未見。《漢書》卷六十八〈霍光傳〉：

> （廢昌邑王），太后……坐武帳中，侍御數百人皆持兵，期門武士陛戟陳列殿下。（68/1325b）

是期門已若郎官持戟殿下矣。

《漢書》卷六十一〈李廣利傳〉：

> 漢使壯士車令等持千金及金馬以請宛王……危須以西及大宛皆合約殺期門車令。注引文穎曰：「漢使期門郎也。車令，姓名也。」
> （61/1241b.1244a）

〔註31〕《漢書》卷六十五〈東方朔傳〉（65/1296b）。
〔註32〕同上。
〔註33〕同上。

是期門郎有使於外者。

《漢書》卷六十九〈趙充國傳〉：

> （宣帝神爵元年春《西元前61年》西羌反，充國往擊）充國子右曹
> 中郎將卬將期門佽飛，羽林孤兒、胡騎越爲支兵，至令居。（69/1337a）

是期門隨軍征伐之例。

《漢書》卷七十〈傅介子傳〉：

> （昭帝元鳳中），樓蘭……發兵殺略衛司馬安樂、光祿大夫忠、期門
> 郎遂成等三輩。（70/1345b）

此期門郎遂成或是使於外者。

《漢書》卷七十〈甘延壽傳〉：

> 少以良家子善騎射爲羽林，投石拔距絕於等倫。嘗超踰羽林亭樓，
> 由是遷爲郎，試弁爲期門。（70/1346b～1347a）

《漢書》卷九十七上〈外戚傳〉：

> 孝昭上官皇后祖父桀，隴西上邽人也，少時爲羽林、期門郎。補注
> 謂：「先爲羽林，後爲期門。」（97上/1686a）

甘延壽，上官桀皆爲邊郡人，可能皆是善於騎射者，二者皆是先爲羽林再爲
期門郎。

《漢書》卷九十九上〈王莽傳〉：

> （王莽）居攝三年（西元8年），期門郎張充等六人謀共劫莽，立楚
> 王。發覺，誅死。（19上/1728a）

此處的期門郎當爲虎賁郎之駮文，按百官表，平帝元始元年（西元1年）期
門更爲虎賁。張充等人謀共劫王莽，此當是期門（虎賁）郎近於其側故也。

　　前引諸傳之期門，始爲從獵而出，其後有使於異國者，有持戟列於殿下
者，此其職與郎官無異；有從軍征伐者，其時代皆在武帝及其後。就中尤以
從軍征伐一事更值注意。按西漢諸郎官隨軍出征者僅漢初（楚漢之際）有騎
郎與事，其它諸郎則不見記載；而期門之制確立後，騎郎遂寖廢，而期門之
出征，實類於漢初騎郎之出征，此騎郎於武帝後不復再見，即爲期門所取代
故也。

　　期門郎的員額不少於一般郎官。衛宏《漢官舊儀》卷上：

> 期門騎者，隴西工射獵人，及能用五兵材力三百人。行出會期門下
> 從射獵，無員秩，比郎從官，名曰期門；騎置僕射一人，秩六百石。

騎持五旗別外內。王莽更名虎賁郎。〔註34〕（p.4）

應劭《漢官儀》卷上：

虎賁，千五百人，戴鶡尾，屬虎賁中郎將。（p.11）

蔡質《漢官典職儀式選用》：

虎賁中郎將，主虎賁千五百人，無常員，郎多至千人，戴鶡冠。（p.1）上引《漢官舊儀》稱期門爲騎，是期門郎若騎郎之謂。而其三百人之數，與《漢書‧百官表》及應、蔡二說相去甚多，愚意以爲此三百人可能是武帝初設期門時徵自隴西一地的善射者。至於應、蔡所記千人，當爲常制性員額，與漢書百官表所記數目雷同，因此期門之數當不少於一般郎官。

期門長官則爲僕射，至平帝時始置中郎將總領其事，僕射不見於史文，若中郎將可參證後漢之制。《續漢‧百官志》第二十五光祿勳條下：「虎賁中郎將，比二千石。本注曰：『主虎賁宿衛』。左、右僕射，左、右陛長各一人，比六百石。本注曰『僕射，主虎賁郎習射，陛長，主直虎賁朝會在殿中。』」（25/1340b.1341a）西漢虎賁僕射是否分左、右不得而知，陛長之有無亦不知，若無則是後漢之增制，此屬行政上權責的進一步劃分，若其長官則同爲中郎將。

期門郎之外，武帝所增置者尚有羽林。《漢書‧百官表》謂：「羽林，掌送從，次期門，武帝太初元年初置，名曰建章營騎，後更名羽林騎。」是羽林亦爲「侍從」性質。〈百官表〉謂羽林乃武帝所初置，《補注》引周壽昌曰：「文帝時鄧通爲羽林黃頭郎，武帝前已有之」，〔註35〕唯史文有關羽林之載大

〔註34〕《漢官舊儀》僅及隴西一地。〈東方朔傳〉則謂：「待詔隴西、北地良家子能騎射者，期諸殿門。」多了北地。故《漢官舊儀》所記三百人或係武帝初置期門時徵自隴西一地者。另《漢書‧百官表》謂：「平帝元始元年更名虎賁郎，置中郎將。」（19 上/302b）《漢官舊儀》書：「王莽更名虎賁郎。」當係指王莽於平帝時專政故也。

〔註35〕《史記》卷一百二十五〈佞幸鄧通傳〉但記鄧通「以濯船爲黃頭郎」（125/1322b），無羽林二字。《漢書》卷九十三〈佞幸鄧通傳〉所載與《史記》同（93/1588a），皆無羽林二字，不知周氏所據爲何？唯《史記》卷十八〈高祖功臣侯表〉有「宋子侯許瘛，漢三年，以趙羽林將，初從。」（18/357b）此羽林殆六國已有之官名，至於入漢後，傳文但只一見。《漢書》卷五十一〈枚乘傳〉記乘說吳王濞不可當漢而謀亂，中有「漢知吳有吞天下之心也，赫然加怒，遣羽林黃頭循江而下。」（51/1166）之語。此爲吳楚反時之事。蓋吳地處江南，其地多江湖，故注引蘇林曰：「羽林黃頭郎，習水戰者也。」而前引〈鄧通傳〉，通以善濯船爲黃頭郎，亦善於水者，周氏或據〈枚乘傳〉以爲說，故有「鄧通爲羽林黃頭郎」之語。

率皆在武帝之後。羽林初名建章營騎，當亦宿衞警備者，以守衞建章宮。《漢書》卷六〈武帝紀〉太初元年條下：「二月，起建章宮」（6/99a），是建章宮之設與羽林之置同時，因此羽林之初置乃爲守建章宮當可無疑，於是有「建章營騎」之初名。其後建章宮於宣帝元康元年（西元前 65 年）另置衞尉，建章營騎有可能在這時候更名爲羽林騎，至於是否仍衞守建章宮，以《三輔黃圖》卷三所記建章宮中有宮殿臺閣觀之，或許仍有部分羽林郞守衞其間。

羽林郞見於史文者，計：

《漢書》卷六十八〈霍光傳〉：

　　（上官桀等人上書），言「光出都肄郞、羽林，道上稱趨。」（68/1324a）

同卷同傳：

　　（廢昌邑王時），車騎將軍（張）安世將羽林騎收縛昌邑王隨從。

　　〔註36〕（68/1325b）

《漢書》卷六十九〈趙充國傳〉：

　　趙充國，字翁孫，隴西上邽人也……始爲騎士，以六郡良家子善騎射補羽林。（69/1335a）

同卷充國子〈趙卬傳〉：

　　（宣帝命）充國子右曹中郞將卬將期門佽飛、羽林孤兒、胡越騎（爲充國）支兵。（69/1337a）

《漢書》卷七十〈甘延壽傳〉：

　　甘延壽，北地人，少以良家子善騎射爲羽林。（70/1346b）

《漢書》卷九十七上〈外戚傳〉：

　　孝昭上官皇后祖父桀，隴西上邽人也，少時爲羽林期門郞。（97 上/1686a）

《漢書》卷九十九上〈王莽傳〉：

　　（王莽爲宰衡，位上公），出從期門二十人，羽林三十人，前後大車

羽林雖見於景帝初，然是否即可引爲依據以說明武帝前漢廷已有是制，則不無可疑。按《史記》諸傳不見「羽林」之名，《漢書》武帝前傳文亦只此一見，故沈欽韓懷疑其爲後人假託之語。今縱非後人假託，亦必非定制，此見之於武帝欲對西南夷用兵，於昆明池習水戰卻不見有「羽林黃頭郞」之訓練，可知至少在武帝太初元年（據〈百官表〉）前，羽林並非定制。

〔註36〕廢昌邑王在西元前七十四年，次年即爲宣帝本始元年，而張安世早在昭帝始元元年（西元前 86 年）即任光祿勳而未替，故此處安世得領羽林騎收縛昌邑王之隨從。

十乘〔註37〕（99 上/1719a）

羽林員額可達七百人，其來源則六郡、三輔良家子。衛宏《漢舊儀》謂：「羽林從官七百人，取三輔良家子，自給鞍馬。」（p.4）《漢書》卷二十八下〈地理志〉：「天水、隴西……安定、北地、上郡、西河……漢興，六郡良家子選給羽林、期門。」〔註38〕（28 下/854a.b）至後漢時羽林有左、右監，所統領人數則左監八百人，右監九百人，〔註39〕此為後漢時行政上分劃的增加，至於羽林來源仍為上述六郡的良家子。〔註40〕羽林之職亦為宿衛隨從，與期門相類，《漢書‧百官表》謂：「掌送從，次期門」，與期門之「掌執兵送從」稍異。

復有羽林孤兒，乃取從軍死事子孫養於羽林，由官府負責教導戰鬥技能，即所謂「教以五兵」。〔註41〕羽林孤兒來源無限，武帝時用兵四夷頻仍，兵卒來自各地，因此這些羽林孤兒必也來自全國各地。這些孤兒寄養在羽林之中，接受軍事訓練，則負責訓練的或即為羽林郎。羽林郎與羽林孤兒皆熟習戰技，且須定時受校，即所謂的都肄。《漢書》卷六十八〈霍光傳〉：「光出都肄郎、羽林」（68/1324a）即其例。羽林孤兒亦從車駕出。衛宏《漢舊儀》卷上：「羽林，……諸孤兒無數……比郎從官，從車駕，不得冠。」（p.4）按應劭《漢官儀》卷上：「虎賁，……戴鶡尾。」又謂：「羽林，……皆冠鶡冠。」（p.11）羽林孤兒不得冠，其得別於羽林、期門也。羽林孤兒亦有從軍征伐者。《漢書》卷八〈宣帝紀〉，神爵元年（西元前 61 年），西羌反時即發羽林孤兒詣金城（8/116b）。《漢書》卷七十九〈馮奉世傳〉，元帝永光二年（西元前 42 年）隴西羌乣姐旁種反，朝廷發兵往擊，其中亦有羽林孤兒。（79/1445a）

〔註37〕此期門當為虎賁之駁文。按期門已於平帝元始元年更名為虎賁。

〔註38〕《漢書‧地理志》謂：「漢興，六郡良家子選給羽林、期門。」似乎自漢興即有六郡之名及羽林、期門之號。考諸〈地理志〉則不然。六郡中屬於武帝所置者有三，分別為：天水郡、安定郡（二者皆元鼎三年置）、西河郡（元朔四年置）。其餘隴西、上郡、北地三郡為秦時所置，故知至早在武帝元朔四年前未有六郡之名。〈地理志〉所謂「漢興」乃總括之論。

〔註39〕應劭《漢官儀》卷上 p.12。

〔註40〕《續漢‧百官志》第二十五：「羽林郎，比三百石。本注曰『無員』。掌宿衛侍從，常選漢陽、隴西、安定、北地、上郡、西河凡六郡良家補。」（25/1341a）《漢書》卷二十八下〈地理志〉：「天水郡、武帝元鼎三年置。」注：「明帝改曰漢陽。」（28 下/804a）故兩漢之六郡同。

〔註41〕五兵，據《漢書》卷十九上〈百官表〉。注引師古曰：「弓矢、殳、矛、戈、戟。」（19 上/302b）

羽林有羽林令丞。羽林孤兒有令一人。《漢舊儀》卷上：「（羽林）孤兒無數，……置令一人，名曰羽林騎孤兒。」（p.4）此當係武帝初置羽林、羽林孤兒時所設立之長官。至宣帝時以中郎將、騎都尉監羽林，其秩亦與一般中郎將同為比二千石。《漢書》卷六十八〈霍光傳〉記宣帝於地節三年（西元前67年），霍光死後一年，收解諸霍兵權，其中「（光）次婿諸吏中郎將羽林監任勝出為安定太守」，「光中女婿趙平為散騎騎都尉光祿大夫將屯兵，又收平騎都尉印綬」〔註42〕（68/1329b）按宣帝於地節三年收解霍氏兵權，去帝即位七年，故知至遲在地節三年前年宣帝己令中郎將、騎都尉監羽林了，其後遂相沿不改，後漢因之。

前述諸郎官各有分屬，此行政上分割所必然，至於其職權皆同為「入侍左右、出充車騎」，乃君主的禁衛警備部隊。諸郎比之守衛宮門的衛士，身份特高；且衛士無秩，有固定的及役年齡與役期，期滿則罷歸本籍。諸郎則有秩祿，而無限定年數，有年少即入宮為郎者，如桑弘羊年十三以心計入為侍中，此侍中當係郎職。〔註43〕劉向年十三以父任為輦郎，此皆年少者。按漢制二千石視事滿三歲得任子，此為西漢一般慣例，據此，則西漢因蔭任而入為郎者當不乏年少者。有至老猶為郎者。前引張衡〈思玄賦〉中之老郎是。另《漢書》卷五十〈馮唐傳〉，馮唐於文帝時以孝著為郎，至老時方為郎署長（50/1097a），此亦老郎之例。

其次，不同於衛士，郎官有洗沐權，洗沐即休假。漢制一般中官皆有洗沐，〔註44〕郎官亦然。其制為五日一洗沐。《漢書》卷四十六〈萬石君傳〉：「長子建為郎中令，少子慶為內史。建老白首，萬石君尚無恙，每五日洗沐歸詣親。」注引文穎曰：「郎官五日一下。」（46/1053b）此為郎之主官郎中令之洗沐，若諸郎亦當五日一洗沐。《史記》卷一二〇〈汲鄭列傳〉：「（鄭當時）孝景時為太子舍人，每五日洗沐。」（120/1283b）唯《漢書》卷七十八〈蕭望之傳〉謂石顯欲等蕭望之出休日上章誣周堪等人，《補注》王先謙曰：「漢制自三署郎以上入直禁中者，十日一出休沐。」（78/1441a）十日之說不知王氏據何而

〔註42〕此處騎都尉雖未明書「羽林監」，然而以當時諸霍盤根朝廷，各領宿衛親兵觀之，趙平之騎都尉，極可能即領羽林。

〔註43〕《漢書》卷二十四下〈食貨志〉：「弘羊，洛陽賈人子，以心計，年十三侍中。」（24下/527b）《鹽鐵論》卷四〈貧富〉第十七，大夫曰：「余結髮束脩，年十三，幸得宿衛，給事輦轂之下。」p.33 是其職如一般車郎。

〔註44〕詳見廖伯源師，〈西漢皇宮宿衛警備雜考〉p.17。

言。按漢世常以五爲常制,如皇帝五日一坐朝,皇帝、皇后五日一省皇太后,太子五日一朝皇帝,凡此皆以五爲制,因此愚疑王氏所言十日之十可能是五之誤植。至於王氏所言自三署郎以上入直禁中者皆有洗沐,證之史傳則極是。《漢書》卷六十六〈楊惲傳〉:

> (惲)遷中郎將。郎官故事,令郎出錢市財用給文書乃得出,名曰「山郎」。移病盡一日輒償一沐,或至歲餘不得沐。其豪富郎日出遊戲或行錢得善部,貨賂流行,傳相放效。惲爲中郎將,罷「山郎」,移長度大司農以給財用,其疾病休謁洗沐皆以法令從事。(66/1310a)

是郎官本皆有洗沐之權。另據此傳,郎官本有洗沐出宮的規定,其後貨賂通行,始使規制浸廢,而富有之郎官遂得因貨賂而得以分派到較好的官署,〔註45〕貧困之郎非但不能派到「善部」,即使連基本的洗沐休假亦因生病而被扣除。楊惲爲中郎將,身爲郎的長官,深知此陋規,因此將之廢除,史稱自此「郎官化之,莫不自屬,絕請謁貨賂之端。令行禁止,宮殿之內,翕然同聲。」(66/1310a)而楊惲也因此而擢升爲光祿勳。

諸郎官各有所屬長官,至於其居處則謂之「署」。前引〈馮唐傳〉,唐爲郎署長;另《漢書》卷四十九〈袁盎傳〉,文帝幸上林,中郎將袁盎同行,至,有郎署長部席,是郎有署,署有長。郎署之下似又分舍。《漢書》卷四十六〈直不疑傳〉:「爲郎,其同舍有告歸,誤持其同舍郎金去。」(46/1055a)西漢郎署的數目可能不少,而每署人數卻不多,但數十人。《後漢書》卷十一〈李忠傳〉:「忠,平帝元始中以父任爲郎,署中數十人,而忠獨以好禮修整稱。」(11/283a)若郎署則在宮殿中。《漢舊儀》卷上:「殿外門署屬衛尉,殿內郎署屬光祿勳。」(p.1)同書卷下:「宮殿中、宦者署、郎署皆官奴婢傳言。」(p.13)《漢書》卷九十九下〈王莽傳〉記董忠、劉歆謀反。事覺,「省中驚傳勒兵至,郎署皆拔刃張弩。」(99下/1756a)前引《漢舊儀》謂郎署在宮殿內,至於〈王莽傳〉所記,似郎署在省中。按省中即禁中,乃皇室所居處,與皇帝和大臣廷議之廷不同,〔註46〕省中爲禁地,雖警衛之郎亦不能入。《史記》卷一百二〈馮唐傳〉記馮唐爲郎署長事文帝,文帝輦過郎署,問唐趙、代之

〔註45〕郎官除於宮中服宿衛職之外,尚有分派至諸官署當差者。詳見前引嚴耕望先生,〈秦漢郎吏制度考〉p.105～113。

〔註46〕關於省中、禁中與廷中之差別,廖伯源師有詳論。見師著,〈西漢皇宮宿衛警備雜考〉p.22～23,注(四二)。

將才。唐直言，文帝怒，「起入禁中」（102/1130a），可證諸郎署雖在宮殿中，然卻非省中、禁中。

凡前述總論諸郎爲與警備有關者，若其餘給事它官署者不在論列，此可參閱嚴耕望先生所撰〈秦漢郎吏制度考〉一文。

二、光祿勳的職掌〔註47〕

（一）常制性職掌

1. 宿衛宮中，爲禁衛軍的長官，統制諸郎，所謂「總領從官」者是。〔註48〕

《漢舊儀》：「皇帝起居儀……殿外門署屬衛尉，殿內郎署屬光祿勳。」（p.1）光祿勳行殿內事，負責殿內的警備。《漢書》卷四〈文帝紀〉：「皇帝即日夕入未央宮，夜拜……張武爲郎中令，行殿中。」（4/69b）所指即案行殿中，以爲戒備。《漢書》卷六十六〈楊惲傳〉：「擢爲光祿勳，親近用事……居殿中，廉絜無私，郎官稱公平。」（66/1310a）亦爲案行殿中，總領天子近衛。

2. 既爲諸郎官之長，得考核諸郎，以爲擢遷。〔註49〕

《漢書》卷五十九〈張安世傳〉：

> 有郎功高不調，自言。安世應曰：「君之功高，明主所知，人臣執事，何長短而自言乎？」絕不許。己而郎果遷。（59/1226a）

張安世時爲光祿勳，乃郎官之長，因此郎官有功足以遷調，自是上言於安世。傳文謂安世應以「君之功高，明主所知」乃推諉之語，按區區一郎官縱使有功，君主豈必能知；且郎官甚眾，君主又何從得知何人有何功，此必待郎之長官上報方能知曉。上述之郎不久即遷官，此實光祿勳自有考核記錄，因此知此郎是否有功；至於遷職之權在光祿勳，抑或須上奏天子，似以後者爲是。〔註50〕

〔註47〕此處所指光祿勳乃郎之主官，列卿之光祿勳，非泛指官署。

〔註48〕《漢書》卷六十六〈楊惲傳〉，惲報孫會宗書謂：「惲……備宿衛……位在列卿，爵爲通侯，總領從官，與聞政事。」《補注》引何焯曰：「中郎將，光祿勳所領皆宿衛士，故曰總領從官。」周壽昌曰：「柏梁詩，光祿勳曰『總領從官柏梁台』。」（66/1311a）。

〔註49〕關於郎官遷補詳情，見嚴耕望先生，〈秦漢郎吏制度考〉p.127～131。

〔註50〕《漢書》卷五十〈張釋之傳〉，張釋之爲郎，久之未遷，欲自免歸家，「中郎將爰盎知其賢，惜其去，乃請徙釋之，補謁者。」（50/1095a）爰盎爲中郎將，

其後更以四科爲定制,以歲時科第諸郎材能。四科者:質樸、敦厚、遜讓、有德行。〔註51〕《漢書》卷九〈元帝紀〉永光元年（西元前43年）二月詔「丞相、御史舉質樸、敦厚、遜讓、有行者。光祿歲以此科第郎、從官。」注引師古曰:「令光祿每歲依此科考校定其第高下,用知其人賢否。」《補注》引齊召南曰:「案所云舉光祿四行者即起於此。蓋漢時朝廷從官俱屬光祿勳,自太中大夫、中大夫、諫大夫及議郎、中郎、侍郎、郎中,其員多至千人,故令光祿勳第其賢否也。」（9/125a）關於光祿勳舉四行者計:

《漢書》卷七十二〈王駿傳〉:

> 以孝廉爲郎,……光祿勳匡衡舉駿有專對材,遷諫大夫。（72/1366b）

《漢書》卷七十九〈馮逡傳〉:

> 太常察孝廉爲郎,補謁者。……光祿勳于永舉茂材,爲美陽令。
> （79/1446b）

《漢書》卷八十一〈孔光傳〉:

> 光,……年未二十,舉爲議郎,光祿勳匡衡舉光方正,爲諫大夫。
> （81/1462a）

《漢書》卷八十六〈何武傳〉:

> 以射策甲科爲郎。……光祿勳舉四行,遷爲鄠令。（86/1504a）

光祿勳以四科考第諸郎官,以爲拔擢抑退之用,史文謂元帝時始著爲定律,則元帝之前未有四科之名,至於考核標準亦不得而知。〔註52〕

3. 自領斷獄。

《漢官舊儀》卷上:「光祿勳,……奉宿衛,各領其署,斷其獄。」（p.4）

爲郎之長官,其請遷張釋之,類如張安世遷自言功高之郎。〈張釋之傳〉續謂:「釋之既朝,畢,因前言便宜事。文帝曰:『卑之,毋甚高論。』」似是爰盎上奏請遷張釋之,文帝加以接見,故張釋之得以言便宜事。似此則遷轉與否之決定權在君主手上。另《漢書》卷六十六〈楊惲傳〉,惲爲中郎將,「郎、謁者有過,輒奏免之,薦舉其高第有行能者,至郡守九卿。」（66/1310a）亦類如安世事。

〔註51〕此四科爲西漢時制度,四科亦謂四行。應劭《漢官儀》卷上謂四行爲:敦厚、質樸、遜讓、節儉。（p.10）與前引四科略有出入。

〔註52〕關於西漢諸郎官先在郎中府從事更直宿衛(議郎除外),以爲除補之用,此前輩學人論之已詳,今不復贅。見嚴耕望先生,〈秦漢郎吏制度考〉p.113～133,徐復觀先生,〈漢代一人專制政治下的官制演變〉p.217～219。唯關於四科之制未行之前,郎官考核的標準如何則不得而知。

按《漢官舊儀》所記有獄者計有：光祿勳，執金吾，衛尉，少府四官，且皆可「斷其獄」。史文未見明書光祿勳斷獄之語，唯《漢書》卷五十九〈張安世傳〉記其爲光祿勳時善隱郎官之失，曾有郎淫官婢，婢兄言於安世，安世以奴誣告而「自署適奴」。《補注》引郭嵩燾曰：「以奴誣郎，告郎署自適罰之，不加推按也。」（59/1226a）據郭氏之說，似光祿勳對其屬下若有不法之舉，得加以推按，推按何指不甚清楚，或許是斷獄之別語。此事爲光祿勳對內之治獄，至於對外治獄詳情如何不得而知。

（二）臨時派遣

1. 屯兵備胡。

《漢書》卷四〈文帝紀〉：

> 十四年（西元前 166 年），以中尉周舍爲衛將軍，郎中令張武爲車騎將軍軍渭北（以備胡）。（4/75a）

同卷：

> 後六年（西元前 158 年）冬、匈奴三萬騎入上郡，三萬騎入雲中（遣諸將屯邊，其中「將軍張武屯北地」）。（4/76a.b）

後六年張武究爲何職？據《漢書》卷十九下〈公卿表〉，張武於文帝元年（西元前 179 年）爲郎中令，其後一直至景帝元年（西元前 156 年）始有周仁爲郎中令。（19 下/316b～318b）而《漢書》卷四〈文帝紀〉，後七年（西元前 157 年）文帝崩，以「郎中令張武爲復土將軍」[註53] 監作帝墳（4/78a），知文帝六年時張武仍爲郎中令。後六年所記「將軍張武」當係臨委以將軍之銜，而其本官則仍爲郎中令。

《漢書》卷六〈武帝紀〉：

> 太初三年（西元前 102 年），遣光祿勳徐自爲築五原塞外列城。（6/99b）

此亦爲了屯兵之便，遣光祿勳主築邊障事，亦屬臨時派遣。

2. 征伐四夷

光祿勳臨時派遣的另一重要任務爲統兵征伐四夷，此與執金吾、衛尉領兵征伐例同。西漢光祿勳征伐四夷主要集中於武帝一朝，計有：

〔註53〕《漢書》卷四〈文帝紀〉，帝崩，以「郎中令張武爲復土軍，發近縣卒萬六千人，發內史卒萬五千人，臧郭穿復土，屬將軍武。」（4/78a）則此復土將軍監營墳穴，亦郎中令之臨時派遣。

（1）元朔六年（西元前 123 年）郎中令李廣「爲將軍，從大將軍出定襄。」〔註54〕（54/1143a）

（2）元狩二年（西元前 121 年），匈奴入鴈門，「遣衛尉張騫、郎中令李廣皆出右北平。」〔註55〕（6/90b）

（3）元狩四年（西元前 119 年），大將軍衛青將四將軍出定襄，郎中令李廣爲前將軍。〔註56〕（6/91b）

（4）元鼎六年（西元前 111 年），冬十月，「發隴西、天水、安定騎士及中尉、河南、河內卒十萬人，遣將軍李息，郎中令徐自爲征西羌」。（6/94b）

另外元帝時也有一次：

永光二年（西元前 42 年）秋，隴西羌彡姐旁種反，遣右將軍光祿勳馮奉世往擊。（79/1444a.b）

上舉光祿勳統兵征伐四夷凡五次，以人計但只三人，其中李廣即佔三次。按李廣自元朔六年至元狩四年（西元前 123～119 年）爲郎中令，在此之前，自元光元年至元光六年（西元前 135～129 年）李廣一直任衛尉職，且曾三度以衛尉加衛將軍出擊（見第四章），加上郎中令任內的三次，計前後十餘年間六次出擊，此在西漢諸警備長官中屬較特殊者。究其原因，乃武帝朝之戰事主要集中於這段時間，且李廣出身邊地，曉諳邊地軍務，《漢書》卷五十四〈李廣傳〉謂：「廣結髮與匈奴大小七十餘戰」（54/1144b），兵戎之事本爲其所長。西漢名將固然不少，然若李廣之豐富實戰經驗者則鮮能與之相比，此李廣於任警備長官時多次出擊之因。

3. 其 它

（1）兼領屯兵。《漢書》卷五十九〈張安世傳〉，宣帝拜安世爲大司馬車騎將軍領尚書事，並置車騎將軍屯兵，數月後罷車騎將軍屯兵，更爲衛將軍，

〔註54〕李廣爲郎中令在元朔六年（西元前 123 年），代石建之職。《漢書》卷五十四〈李廣傳〉謂：「石建卒，上召廣代爲郎中令。元朔六年，廣復爲將軍，從大將軍出定襄。」（54/1143a）按〈武帝本紀〉元朔六年條，其事在春二月（6/89b），則廣爲郎中令在元朔六年春二月之前。

〔註55〕此役廣殺匈奴三千人，其所領四千人亦盡亡，廣但以身脫。本傳謂既歸京，「廣軍自當無賞。」（54/1143b）即謂亡軍與殺略相當，不另賞功，故廣仍爲郎中令。

〔註56〕據《漢書·李廣傳》，此役武帝本無意派遣廣與事，「廣數自請行，上以爲老，不許。良久乃許之，以爲前將軍。」（54/1144a）其後李廣失道，自殺。

並領兩宮衛尉卒及城門、北軍軍士〔註57〕（59/1225b）。按張安世以光祿勳領車騎將軍屯兵在昭帝元平元年，至宣帝地節三年更爲衛將軍領兩宮衛尉時方罷屯兵，前後長達八年（西元前 74～67 年）。此乃因安世爲武、昭、宣三朝元老，素爲君主所信賴，故有此特例，而史文亦僅此一見，故視之爲臨時派遣。

（2）參與治獄、詰問大臣。前述光祿勳有斷獄之職，乃斷其官署之獄，此處所言參與治獄則爲本官署之外者。《漢書》卷七十五〈李尋傳〉：「（哀帝詔）光祿勳平當、光祿大夫毛莫如與御史中丞、廷尉雜治，當（夏）賀良等執左道，亂朝政。」（75/1411a）此爲光祿勳參與治獄。此外光祿勳亦間受詔詰問大臣。《漢書》卷七十八〈蕭望之傳〉，宣帝五鳳中（西元前 57～54 年），匈奴大亂，議者謂可因其亂舉兵滅之，乃「詔遣中朝大司馬車騎將軍韓增、諸吏富平侯張延壽、光祿勳楊惲、太僕戴長樂問（御史大夫）望之計策。」其後望之以「日月少光，咎在臣等」奏言，宣帝以爲「望之之意輕丞相（丙吉），乃下侍中建章衛尉金安上，光祿勳楊惲、御史中丞王忠并詰問望之。」（78/1438b.1439a）上述參與治獄及詰問大臣，史文不常見，且上述二事多有它官參與，不能遽視爲光祿勳的任務，唯因其涉及光祿勳，故聊書於文後，以爲參考。

〔註57〕張安世以光祿勳爲車騎將軍置屯兵長達八年，其後罷其車騎將軍屯兵。考〈公卿表〉其罷在地節三年（西元前 67 年），該年度遼將軍范明友自衛尉遷爲光祿勳，而張安世亦罷車騎將軍，而改以衛將軍領兩宮衛尉、城門及北軍軍士，知張范二人職務互調。

結　語

　　警備制度自古即有，至帝制時代更是攸關整個政權核心 —— 皇室 —— 的
安危，因此其重要性益加突顯。

　　秦爲歷史上的第一個帝國，對於警備機構的設立與講究已甚爲重視，雖
然國祚短暫，但由秦帝國所奠立的警備基礎卻保留下來；而後續的漢帝國就
在這個基礎上，加以擴編，使整個警備制度更加周延與完備。

　　西漢京畿的警備制度繼承秦代原有的架構，在漢初到武帝即位期間無甚
改變，到了武帝後，不僅對官名有所更改，更對整個京畿的警備作了實質的
擴編，此中原由除了時代因素使然，更是相應於整個皇權的至高無上的安危
考量。前者又與軍興有密切的關聯，此見之於越騎、長水、胡騎三校尉的成
立與其後的職掌的演變；後者則城門校尉的成立、郎中令（光祿勳）的擴增，
因此整個西漢的京畿警備實可以武帝爲一重要的分期，其後繼者雖小有改
變，然僅係枝節而已，較之武帝的改異，實無足道。〔註1〕

　　本文所論雖爲西漢京畿的警備，然則主要的還是偏重於整個京城的警備
情形，此因京城乃政權核心地區，且西漢京城的規制又以長安城爲界限，以
分別內外。〔註2〕以西漢與京畿警備有關的機構而言，由外而內可分爲畿衛，
即負責京畿範圍的警備，於職權言屬執金吾；城衛，負責長安城諸城門及沿
長城的警備，此屬城門校尉及中壘以外的七校尉；〔註3〕宮衛，負責長安城內

〔註1〕見《漢書》卷十九上〈百官表〉。

〔註2〕所謂內外，乃指城外的畿衛、城衛，城內的宮衛、殿衛及內宮警衛。內外之
　　　　分乃爲了研究之便，別無它意。

〔註3〕關於中壘校尉，以第三章二（一）所論有關中壘校尉的性質來看，中壘校尉

諸宮及城外部分宮殿的宮門屯衛，此屬衛尉；〔註4〕殿衛，負責長安城內諸宮的殿門警備，〔註5〕此屬郎中令（光祿勳）。此外，內宮之中尚有部分的警備分支，此屬少府系統，而皇太子家亦自有警備系統。西漢京畿的整個警備系統即由上述的機構分層負責，由外而內，層層設防，各主其事，各領其衛，形成了完備的警衛網。這些警備衛士、郎官，平常除了各守崗位之外，凡天子車駕出時，亦多有隨從護衛者，甚且有戰事時，偶亦隨軍出征。至於各警備機構的主官，在權責上各領其署，各自獨立，且皆直承天子。〔註6〕各主官除了常制性的任務外，尚有其它的臨時派遣，其中又以發兵屯衛及征伐四夷爲多且要，此因警備本係武事，而征戰更是武事之要者，因此諸警備主官多有此臨時派遣。

西漢京畿警備機構的主官之下各有佐官、屬吏。佐官佐主官處理諸行政事宜，屬吏則分職任事，各有所掌的衛士、郎官，亦各有所警戒的範圍，職任甚明，此制度上明晰的權責劃分，易收分職任事之效。至於各警備機構成員的來源，執金吾、城門、中壘、屯騎、步兵、虎賁校尉所領衛卒當係來自

掌北軍五營校，其地當未央宮北，似與城衛無甚關係。

〔註4〕 另諸寢園陵廟的衛士亦當屬於衛尉，見附論一及第四章衛尉部份。

〔註5〕 此外長安城外諸離宮與諸寢園陵廟亦有郎衛，在轄屬方面或亦掌於郎中令（光祿勳）；另給事諸中都官之諸郎則屬給事之官署。見嚴耕望先生，〈秦漢郎吏制度考〉。

〔註6〕 或謂丞相總領百揆，則諸警備機構長官亦當屬丞相。按丞相總領百揆並非指丞相直領百官。所謂揆者乃首之謂，因此總領百揆當爲百官之長。《漢書》卷四十〈王陵傳〉記文帝問右丞相周勃天下一歲決獄、錢穀出入爲何，勃謝不知。問左丞相陳平，對曰：「各有主者。」帝曰：「苟各有主者，而君所主何事？」對曰：「宰相者，上佐天子理陰陽、順四時，下遂萬物之宜；外填撫四夷諸侯，內親附百姓，使卿大夫各得任其職也。」（40/1005a）是丞相乃百官之長，並非直領百官。或又謂太尉主四方兵事，則諸警備長官當屬太尉。此亦不然。太尉雖掌武事、四方兵事，理論上當爲全國最高的軍事長官，然考之史文，太尉並不實際掌有兵權。勞榦先生曾指出：「太尉只掌管軍事方面的例行事務工作，而指揮權不在內。在這樣職掌之下，太尉當然可以用文人來充任。」（見勞榦先生，〈論漢代的衛尉與中尉兼論南北軍制度〉p.446.447）勞先生論證太尉不負責實際的指揮大權是正確的，然而若據此以論斷「太尉可以用文人充任」則似又不然。考漢初至武帝，太尉可考者計：高祖時盧綰、周勃，惠帝時周勃、灌嬰，景帝時周亞夫，武帝時田蚡，凡六人，其中除田蚡外，諸人皆以軍功顯，亦常率兵出征，實可視爲武將，至於田蚡則以外家出任。凡上述皆時置時省，並非常制，且自田蚡後不再置太尉官，因此太尉主領諸警備長官亦無徵。另者警備攸關專制皇權的安危，豈能將之委由特定某官，必係掌於天子手中，如此方能更有效且直接的加以控制。

京畿（三輔）的正卒，射聲校尉所領則由徵調而來；越騎、胡騎、長水校尉初時當時歸附、來降的胡、越人組成，武帝後戰事幾戢，因此當有以一般正卒充任。衛尉所領則來自內郡所簡選的衛士，郎中令（光祿勳）所領諸郎來源甚雜，嚴耕望先生有詳述，〔註7〕而羽林、期門則來自六郡善騎射者。至於少府分職之警備人員，多有宦者充任者；另太子家之警備人員，有可能是由衛尉的衛士充任，或是衛士徵詣京師後，分遣守衛的部分衛士。

衛士、郎官的數目各機構不等，只能就有限的資料求個概數。其中執金吾（含三輔都尉）約略數萬人，中壘以下八校尉及城門校尉，每校人數或不等，然其每校概數約在數千人；衛尉（含諸寢園陵廟）外加守中都官者約在數萬餘人，郎中令（光祿勳）諸郎官早期不甚清楚，武帝後約在三～四千人左右；少府之屬警備的人數不詳，太子家則約在千人左右。由於史料甚缺，因此上述員額僅係個人粗略的統計，詳細數目則有待方家指正。

凡上所述，即爲本文主體，旁枝瑣節，卑之無有高論。或謂：西漢京畿警備制度所可探究者僅此數端？答曰：固然不只。始撰文之初，曾擬就諸警備機構長官的人事升遷、與政權的親密性、在政權轉移中所扮演的角色及諸警備機構宿衛範圍的劃分及官署的所在、諸警備機構橫向的聯繫如何加以探討，唯今觀之，實乃不能，只能期待日後或方家之探研。

上述諸問題，稍可論述者爲人事升遷及與政權的親密性，唯限於篇幅過短，因此僅以附論附於文後，不再另立章節。

〔註7〕 西漢郎官的來源自武帝後雖顯紛雜，然主要來源仍來自於察舉，此亦自武帝後特多。見氏著，〈秦漢郎吏制度考〉。

附　論

附論一：西漢陵寢制度下的警備宿衛

　　關於中國古代陵寢制度史的研究，近人楊寬先生有極詳盡的研究成果，
〔註1〕本附論所要論述的與楊先生所研究的範圍無涉，僅就因陵寢制度所產生
的警備情形稍加討論。由於資料欠闕，史文又語焉不詳，因此不敢確下斷語，
之所以附於此，乃因涉及警備一事，掛一漏萬，尚祈方家斧正。

　　在帝制中國，皇權的崇高性質爲不爭的事實，作爲人世間的「天子」，生
時是權勢最高的表徵；即使死後，猶透過陵寢、宗廟的特殊儀制來確保這種
特質，以突顯其沿自生前的崇高的身分及特出的地位。這種作爲「推崇皇權
和維護身分等級制度的一種手段」〔註2〕的陵寢制度，雖然是用在死去的帝
王、后紀，但是排場卻一如生前，除了性格上具有不可侵犯的神聖化〔註3〕之
外，歲時祭祀的講究更不可疏忽。〔註4〕而人世間維持皇權安全的警備力量，
也一樣的用於陵寢、宗廟制度上，於是產生了護衛人世間皇權安全的警備制
度外的另一股警備力量。歸納起來，這種陵寢、宗廟制度下的警備措施，也
是爲了維持皇權的崇高身分及特出地位所設立。

〔註1〕 楊寬先生《中國古代陵寢制度研究》。該書年代起自先秦，終於唐宋，包羅廣
　　　　博，爲有關中國古代陵寢制度研究的大成。
〔註2〕 楊氏前引書「前言」語 P.5。
〔註3〕 此所謂神聖化性格者，乃就其影響及於後代子孫而言。具體之例證爲叔孫通
　　　　說惠帝建原廟一事，見《史記》卷九十九〈叔孫通傳〉（99/1116a）。
〔註4〕 詳見《漢書》卷七十三〈韋玄成傳〉（73/1381a）。

　　西漢十一帝一后有〈紀〉（漢書本紀爲據），十一帝皆有陵寢。〔註 5〕陵寢之外，復有爲數可觀的宗廟。宗廟始設於高祖在位時之令諸侯王立太上皇廟，其後諸帝各有其廟。宗廟數目至宣帝本始二年（西元前 72 年）時，史文有較確然的一個數字，計「凡祖宗廟在郡國六十八、合百六十七所。而京師自高祖下至宣帝，與太上皇、悼皇考各自居陵旁立廟，并爲百七十六（所）。」〔註 6〕位在郡國的祖宗廟屬於郡國，行政上的隸屬亦掌於郡國，諸行政、民政、軍政事宜但由郡國自行統理。唯位於京師的宗廟，雖分處三輔，然而卻由「掌宗廟禮儀」的太常統一管理。宗廟之外，隨著陵寢制度所產生的尚有所謂的陵邑。陵邑就是以陵爲名的縣邑，乃徙移自其它郡縣的人民，以之形成新的縣邑，是西漢政權「內實京師」〔註 7〕以及「彊榦弱枝」政策下的產物，西漢與陵寢有關的縣邑計有十個，其中七個即是徙民實縣的產物。〔註 8〕諸陵邑的行政隸屬一直屬於太常，至元帝永光元年（西元前 43 年）始分隸三輔。〔註 9〕

　　關於西漢陵寢、宗廟的數目及衛士的人數，《漢書》卷七十三〈韋玄成傳〉有如下的記載：

> 初，高祖時令諸侯王都皆立太上皇廟。至惠帝尊高帝廟爲太祖廟，景帝尊孝文帝廟爲太宗廟，行所嘗幸郡國各立太祖、太宗廟。至宣帝本始二年（西元前 73 年）復尊孝武廟爲世宗廟，行所巡狩亦立焉。凡祖宗廟在郡國六十八，合百六十七所；而京師自高祖下至宣帝與太上皇、悼皇考各自居陵旁立廟，并爲百七十六。又園中各有寢、

〔註 5〕　十一陵計：高祖長陵、惠帝安陵、文帝霸陵、景帝陽陵、武帝茂陵、昭帝平陵、宣帝杜陵、元帝渭陵、成帝延陵、哀帝義陵、平帝康陵。上述除宣帝葬杜陵并見〈元帝本紀〉外，其餘皆見漢書各帝紀。

〔註 6〕　《漢書》卷七十三〈韋玄成傳〉，注引師古曰：「六十八者，郡國之數也。百六十七所者，宗廟之數也。」（73/1381a）。

〔註 7〕　主父偃說武帝徙「天下豪傑兼併之家」於京師，一可削去其在本籍之影響力，二可藉此就近控制。

〔註 8〕　西漢諸帝王后妃有陵邑者計：一、太上皇之萬年縣（《三輔黃圖》）。二、高祖之長陵（《漢書‧地理志》）。三、惠帝之安陵（〈地理志〉）。四、文帝之霸陵，五、文帝尊薄太后所立之南陵（《漢舊儀》）。六、景帝之陽陵（〈地理志〉）。七、武帝之茂陵〈地理志〉。八、武帝鉤弋皇后之雲陵〈地理志〉。九、昭帝之平陵（〈地理志〉）。十、宣帝之杜陵（〈地理志〉）。其中除一、四、五三陵無徙民之外，其餘皆因徙民所成之邑。關於諸帝徙實陵事，俱見各帝紀。

〔註 9〕　西漢陵邑止於宣帝，諸陵邑一直轄於太常，至元帝永光元年（西元前 43 年）始分諸陵邑屬三輔（19 上/301b）。

便殿。……而昭靈后、武哀王、昭哀后、孝文太后、孝昭太后、衛
思后、戾太子、戾后各有寢園，與諸帝合凡三十所。一歲祠上食二
萬四千四百四十五，用衛士四萬五千一百二十九人，祝宰樂人萬二
千一百四十七人，養犧牲卒不在數中。（73/1381a.b）

〈韋玄成傳〉中所記載的時代在元帝永光四年（西元前 40 年）下詔議罷郡國
廟之前，其後郡國祖宗廟有迭毀之事，然而京師大抵如永光四年前的舊制。
上引傳文謂「與諸帝合凡三十所」之三十是京師的數目，亦即太常所轄管的
數目；而所用衛士四萬五千一百二十九人即爲守衛這三十所寢廟的衛士。四
萬五千餘人是個龐大的數目，曾有人懷疑它的眞實性，近人勞榦先生更援引
漢簡的資料，認爲「此所謂衛士的數目是按『工』而言，即每人服務一日算
作一人。」〔註 10〕據勞先生的意見，今以每一衛士需服務一年計算，則四萬
五千餘人除以三百六十天（衛士爲義務役，爲時一年，史文未著其有休假制
度），所得到的平均的衛士人數才近一百二十五人。而以一百二十五人分守三
十所寢、廟，每所衛士不到五人，事實上絕無可能。且衛士也不可能整天只
服勤而不休息，以一般執勤的情況而言，必需於勤務時間內專心執勤，不若
下勤務時可以自由行動。再以人的身體機能而論，執勤兩、三個小時後需有
一段時間休息；俾使精神、體力得以恢復，此爲一般服過兵役的人都知道的
簡單道理。而且實際上漢代負責宮廷警衛的諸郎官，就有「漏盡而代」的規
定，衛士雖有別於郎官，但衛士當也需定時輪替，因此以五人之數守衛寢、
廟，且猶須輪替，斷無可能。其次，西漢諸寢、廟雖位於諸陵之側，但是範
圍都不小，〔註 11〕因此即使以五人日夜不休不替執勤也無法照顧周全，更何
況不休不替根本不可能，勞先生的意見有待商榷。

　　衛士四萬五千人既非如勞先生所謂的以「工」計算，那麼當係以「人」
計算。或謂漢初京師衛士本有二萬人，唯武帝建元元年（西元前 140 年）秋
七月下詔：「衛士轉置送迎二萬人，其省萬人。」〔註 12〕是武帝後衛士但只萬
人，且其後未見增置，可見萬人當爲其數；若此則〈韋玄成傳〉中之衛士四
萬五千人當有誤。答曰：武帝雖曾於建元元年詔減衛士萬人，然此不見得衛
士但只萬人（參見第四章衛尉部份：衛士的人數），且衛尉主領「宮門衛屯兵」，

〔註 10〕勞榦先生，〈漢代兵制及漢簡中的兵制〉《史語所集刊》第十本 P.36。
〔註 11〕見楊寬先生前引書 P.30～33 及附表一：西漢帝陵后陵規模表 P.219。
〔註 12〕《漢書》卷六〈武帝紀〉（6/84b）。

此二萬人、萬人即守衛宮門屯兵者，並不包括諸寢園陵廟；因此不能以建元元年的資料，移斷諸寢園陵廟不當有衛士四萬五千人。其次以四萬五千除以三十，則每所得衛士千五百人，員額似乎過於冗眾；然而諸寢園陵廟的範圍甚大，爲了能警備周詳，多加編制人手並非不可能。

諸寢園陵廟的衛士的服役年限當亦爲一年，按西漢衛士役期一年，而寢園陵廟的衛士亦爲衛士的一種，既同爲衛士，役期當相同。其次寢園陵廟的衛士的來源當亦同於一般戍守京畿的衛士，此或是當衛士徵詣京師後，簡選精壯者守「宮門衛屯兵」，其餘的則分派至各中都官與諸寢園陵廟。最後關於諸寢園陵廟衛士的轄屬當屬何者？愚意以爲當屬衛尉。雖然諸寢園陵廟受太常管理，但此僅是行政權的歸屬，若軍事權，考之史文不見另有它官掌理，以衛尉掌衛士觀之，其領轄寢園陵廟的衛士最有可能。

附論二：少府、詹事〔註13〕

西漢京畿警備機構除前述諸官署外，與警備有關的尚有少府的部分屬官與詹事。少府卿所領的警備負責後宮的宿衛，詹事所掌則爲太子家的警備，唯其爲部分分職機構，所涉層面、範圍亦較單純，今簡述於後：

一、少　府

西漢皇宮周垣之內，可大別爲二部分。一部分爲皇帝坐朝群臣的宮殿及部分宮官的官署，另一部分則爲皇室的居處，一般所謂的省中、禁中即指後者。關於此中的警備宿衛權責劃分，前者屬光祿勳（已見前）；後者即屬少府的部分官署。《漢書》卷十九上〈百官表〉少府條下：

> 少府……屬官有……左弋……又……黃門、鈎盾……宦者七官令丞……武帝太初元年更名……左弋爲佽飛……佽飛掌弋射，有九丞兩尉；宦者七丞，鈎盾有五丞兩尉。（19上/305a～306a）

少府屬官中，黃門、鈎盾、宦者、佽飛等皆領宿衛之職。鈎盾令、佽飛令之屬官皆有兩尉；既稱尉且又居於後宮之中，則所掌當係宿衛的武事。現就史文所言有關前述少府分職屬官與警備有關者簡述於後。

〔註13〕少府主職並非警備，因此本節但述與警備有關的部分，對於主官少府卿不加贅述，詹事亦然。

　　（一）佽飛。前引〈百官表〉，佽飛本名左弋。左者佐也，左弋即佐弋，亦即佐助弋射之省文，其所掌即弋射之事。《史記》卷六〈秦始皇本紀〉記始皇誅毐嫪，「衛尉竭、內史肆、佐弋竭等二十人皆梟首。」（6/113a.b）此秦之佐弋即漢之左弋。左弋更名佽飛後，曾隨軍出征。《漢書》卷六十九〈趙充國傳〉記充國擊西羌，上令「充國子右曹中郎將印將期門、佽飛、羽林孤兒、胡越騎爲（充國）支兵。」〔註14〕（69/1337a）此佽飛本爲後宮警衛，其出征亦如羽林、期門出征，同爲臨時調遣上陣者。

　　（二）黃門、鈎盾。《漢官舊儀》卷上：「皇帝起居儀……營衛周廬……黃門、鈎盾屬少府。」（p.1）《續漢・百官志》第二十六少府條下：「黃門令一人，六百石。本注曰：『宦者。主省中諸宦者。』」〔註15〕（26/1348a）。另「鈎盾令一人，六百石。本注曰：『宦者。典諸近池苑囿遊觀之處。』」（26/1349a）黃門、鈎盾〔註16〕皆以宦者充任，宦者居於後宮，充當後宮警備宿衛之職。《史記》卷九〈呂太后本紀〉：

> （群臣誅諸呂，立文帝。東牟侯劉興居）乃與太僕汝陰侯滕公入宮，
>
> 前謂少帝曰：「足下非劉氏，不當立。」乃顧麾左右執戟者掊兵罷去。
>
> 有數人不肯去兵，宦者令張澤諭告、亦去兵。（9/192a）

東牟侯劉興居與滕公夏侯嬰令守少帝的衛士罷兵，其中有部分不肯罷者，後經宦者令諭告始去兵。這些少帝旁的宿衛人員當屬少府屬官宦者令所轄管，故聽從其長官之令。《文選》班固〈西都賦〉謂：「虎賁贅衣，閹尹閽寺，陛戟百重。」注張銑曰：「虎賁，武士，贅衣猶綴衣。閹寺皆刑餘人，掌宮禁門戶，言此等人於階陛之下使執戟陳列百重也。」〔註17〕班固所言與張銑所注與前引《續漢・百官志》第二十六同義，皆爲黃門、鈎盾、宦者掌內宮宿衛。另《漢官舊儀》卷上：「中官、小兒官及門戶四尙〔註18〕、中黃門、持兵三百

〔註14〕 並見《漢書》卷八〈宣帝紀〉，神爵元年條（8/116b）。

〔註15〕 《續漢・百官志》第二十六少府條，其下復有：「中黃門冗從僕射一人，六百石。本注曰：『宦者，主中黃門冗從，居則宿衛直守門戶，出則騎從夾乘輿車。』」（26/1348a）此爲後漢制度，西漢或亦如此。《漢書》卷十九上〈百官表〉少府條下：「諸僕射署長、中黃門皆屬焉。」（19上/305b）是西漢即已有是制。

〔註16〕 《漢書》卷三十〈藝文志〉儒家有「鈎盾冗從李步昌八篇」（30/889b）是鈎盾有從官曰冗從，其職當如黃門冗從，亦從衛之職。

〔註17〕 見宋本六臣注《文選》卷一 p.16a。

〔註18〕 所謂中官爲侍於宮中之諸官。至於小兒官，或指幸臣子弟常有侍於帝側者，其年紀甚小。《漢書》卷六十八〈金日磾傳〉：「日磾子二人，皆愛，爲帝弄兒，

人侍宿。」（p.2）中黃門〔註19〕領於少府，〔註20〕職是之故，少府部分官屬負責內宮的宿衛，此為皇宮周垣之內的內層警備。

二、詹　事〔註21〕

《漢書》卷十九上〈百官表〉詹事條下：

> 詹事，秦官，掌皇后、太子家……屬官有太子率更……中盾、衛率。
> （19上/307a）

《漢官舊儀》卷下：

> 皇太子……門大夫比郎將。洗馬，職如謁者，十六人，選郎中補也。
> 庶子舍人四百人，如郎中，秩比二百石，無員，多至四百人，亡（王）新改名為翼子。率更令，秩千石，主庶子舍人更直。……庶子，秩比四百石，如中郎，無員……衛率，秩比千石……主門衛……中盾，秩四百石，主周衛徼循。（p.12～13）

《漢官舊儀》所記詳於〈百官表〉，若以之與《續漢・百官志》第二十七太子

常在旁側。弄兒或自後擁上項，日磾在前見而目之：弄兒走且啼曰『翁怒。』上謂日磾：『何怒吾兒為？』後弄兒壯大不謹，自殿下與宮人戲，日磾適見之，惡其淫亂，遂殺弄兒。」（68/1332a）又武帝崩後，「日磾兩子賞、建俱侍中，與昭帝同年，共臥起。賞為奉車、建為駙馬都尉。」（68/1332b）按昭帝八歲即位，是金賞、金建時年亦八、九歲。又《史記》卷九〈呂太后本紀〉：「留侯子張辟彊為侍中，年十五。」（9/185a）《史記》卷三十〈平準書〉，桑弘羊「以心計，年十三為侍中。」（30/529a）又《漢書》卷五十九〈張安世傳〉，安世兄張賀對宣帝有舊恩，及宣帝親政，張賀已死。「時賀有孤孫霸，年七歲，拜為散騎中郎將。」（59/1226b）上舉數人皆是數歲或十餘歲入侍禁中，當是所謂的小兒官。至於門戶當是守衛門戶者，另四尚，《漢書》卷二〈惠帝紀〉：「尚食比郎中」，應劭注謂有五尚：尚冠、尚帳、尚衣、尚席、尚食（2/60b），加上尚書共為六尚。此四尚、五尚，不知其關係為何？

〔註19〕東漢時，中黃門於帝崩及大儺時皆持兵衛宮，以備非常。《續漢・禮儀志》第六曰：「登遐……闔城門、宮門。近臣、中黃門持兵，虎賁、羽林、郎中署皆嚴宿衛，宮府各警，北軍五校繞宮屯兵。……大儺於兩楹之間。五官、左、右、虎賁、羽林五將各將所部執虎賁戟屯殿端門陛左右廂，中黃門持兵陛殿上。」（6/1138a.b）上述為東漢時事，然參證正文所引《漢官舊儀》謂中黃門持兵，則持兵宿衛似是兩漢中黃門職掌之一。
小誌：前面註18、19為廖伯源師〈西漢皇宮宿衛警備雜考〉之註文，因與本附論攸關，故特予援引。

〔註20〕見《漢書》卷十九上〈百官表〉少府條（19上/305b）

〔註21〕關於詹事之資料甚少，史文幾乎未見重要記載，然其部分屬官明為武職，故知其亦為宿衛警備的分職機構。

少傅下諸太子官屬相較，其職掌或更清楚。《續漢‧百官志》第二十七太子少傅下：

> 太子率更令……本注曰：「主庶子舍人更直，職似光祿勳。」太子庶子……本注曰：「無員，如三署中郎。」太子舍人……本注曰：「無員，更直宿衛，如三署郎中。」……太子門大夫……本注曰：「舊注云：『職比郎將』，舊有左、右戶將別主左、右戶直郎。」……太子洗馬……本注曰：「舊注云：『員十六人，職如謁者，太子出則當直者在前導威儀。』」太子中盾……本注曰：「主周衛徼循。」太子衛率……本注曰：「主門衛士。」（27/1355a～1356a）

〈續漢志〉所言皆爲太子家之警備，未見涉及皇后，因此〈百官表〉記「詹事，秦官，掌皇后」云云，當係掌皇后家的一般事務，若警備之事則不與，然則皇后居處又不能無衛，究竟其警備情形爲何，囿於資料，則不能考；然若以西漢京畿警備情形而言，皇后宮或屬衛尉、光祿勳的警備範圍。史無明徵，只能推臆。

　　據前引《漢官舊儀》與《續漢‧百官志》，太子家的警備細節，史文甚少記載，唯衛太子兵變時有太子賓客加入戰圍一條資料。《漢書》卷六十三〈武五子戾太子傳〉記江充掘蠱太子宮，太子起事，「遂部賓客爲將率與丞相劉屈氂等戰長安中。」（63/1260a）戾太子起事，其太子家諸警備人員是否全加人戰圍不得而知，而這些賓客的身份是否即前引《漢官舊儀》的舍人、庶子亦不詳。

　　前引《漢官舊儀》皇太子家有庶子、舍人四百人，若加上衛率、中盾所領的衛士，數目亦不少。

附論三：各警備機構長官[註22] 的升遷管道及其與君主的親密性

　　西漢的警備長官，執金吾、衛尉、光祿勳各爲列卿之一，皆爲中二千石官，究竟這些列卿的人事安排及其升遷管道如何？是否於諸列卿中與政權核心——君主——有較之它卿更爲親密？此皆是本附論所欲探究者。

〔註22〕此處所言警備長官，但及列卿之執金吾、衛尉、光祿勳，諸校尉及少府、詹事不在此列。

　　西漢諸警備機構的長官，所見資料來源主要爲《漢書・公卿表》，旁及
〈紀〉、〈傳〉，縱使如此，其所呈現的尚非全面，因此在統計上只能盡力蒐
羅；加以排比，所求出的量化數字只當作輔助、參考。其次由於書闕有間，
對於部分的警備機構的長官，但知其曾經歷是官，至於其遷官的來龍去脈都
無以得知，此在研究上益加不能在殘缺中求其完備。其次，與政權的親疏關
係，亦僅就可得的證據加以論述，希望多少能見出這種縱線的上下親疏之萬
一。

　　西漢諸警備列卿的遷轉情形，從可得的資料中，加以細分，可以發現似
乎沒有以哪類特定的官銜出任，而分佈的情形也甚爲龐雜。若以中都官與地
方官加以分別，〔註23〕則三警備機構長官由中都官出任皆大於由地方官出任
者，其中執金吾的比例比較接近，衛尉相差比較大，至於光祿勳的比例最爲
懸殊。由原任的警備長官遷轉它官的情形看，也無任何比較明顯的固定官職，
由統計資料所得，比較多的官職是將軍一官，而其時代則都在昭、宣之後，
其中又集中於元、成、哀三朝，三朝中又以成帝朝最多；其次三警備機構長
官未再遷它官的數量也不少，這些包括卒於官、任內受誅、棄市、自殺、及
遭免職者，所佔比例亦頗多，另外也有部分出任御史大夫及太守者，其餘所
佔的比例則甚微。其次若以機構的個別原官職分，執金吾由地方官出任的比
例最大，其次則光祿大夫，前者又以每一皇帝在位劃分，顯係比較平均；後
者則集中於成、哀二帝。出任衛尉的原官職則甚爲分散。出任光祿勳者亦頗
分散，其中比較多的是光祿大夫，而又以元、成、哀三帝最多。復次，這些
警備長官的最高官職，有至三公者，其中又以御史大夫最多、得十六人，以
西漢所知的御史大夫七十二人除之，約得百分之二十一，超過五分之一，爲
數可謂不少。其次丞相有九人，佔西漢四十四位丞相的五分之一強；其次大

<hr>

〔註23〕中都官以在京師官署服務者爲據，至於三輔行政長官爲列卿之一（見徐復
　　　　觀先生，〈漢代一人專制政治下的官制演變〉p.215），視爲中都官；三輔都
　　　　尉因屬執金吾，視爲中都官。其次關於諸將軍究當何屬？按西漢將軍可分
　　　　爲征伐將軍與中朝將軍，以武帝朝爲分界。前者屬武帝以前，凡有軍事則
　　　　臨委以將軍之銜，事已則罷。後者則自昭、宣以後爲常置於朝中，且常居
　　　　中用事，權勢甚大。故武帝（含）之前的諸將軍，在統計上不列於中都官
　　　　與地方官，唯征和二年之光祿勳韓說，本以游擊將軍屯於塞外五原，故將
　　　　之列於地方官，昭帝以後諸將軍則列於中都官。（關於西漢將軍職任、地位
　　　　的轉變，廖伯源師有詳論。見師著，〈試論漢初功臣列侯及昭宣以後諸將軍
　　　　之政治地位〉下篇）。

司馬（含大司馬諸將軍）七人，佔西漢五十三位大司馬的八分之一強。有至列將軍者〔註24〕計二十五人，佔西漢列將軍四十八人次之二分之一強；為數最多的是原任的警備長官，計：光祿勳二十二人，佔本官四十三人的二分之一強；衛尉二十六人，幾佔本官的百分之五十弱，執金吾三十人，亦幾是本官六十五人的百分之四十七弱，至於其它官職則甚微。這些警備長官的最後官職若再以每一皇帝為單位加以細分，則丞相的分佈無明顯的集中於何帝，御史大夫亦然；大司馬則集中於元、成二朝，列將軍亦然。

　　從上述簡單的統計，得到四點初步的推論：1、三警備長官並無特定的以哪些官職遷任，而其遷官亦然，唯昭宣以後遷往列將軍的不在少數，此當因昭、宣以後中朝將軍制度已形成，而警備長官本與皇帝較親近（見後），故由本官遷往中朝將軍者多。2、三警備長官以中都官與地方官劃分，其由前者遷入者眾於後者甚多，其中所佔比例依次為光祿勳、衛尉、執金吾。其遷往之官亦是中都官眾於地方官甚多，其比例依次仍為光祿勳、衛尉、執金吾。3、這些警備長官的最高官職除去仍與本官職相同者外，其最高官職皆高於原本的警備長官職。4、三警備長官鮮有互相遷轉的情形，其中僅執金吾一人遷衛尉（成帝時），衛尉三人遷光祿勳（武、昭、成帝各一人），光祿勳則無遷往執金吾與衛者（衛尉亦無遷往執金吾者）。

　　綜合上述，愚意以為三警備長官的人事遷轉並沒有定制，亦即沒有特定的管道。當然，由於僅知的這些資料中佔了非常可觀比例的「其它、未詳」，因此這些統計結果只能當作參考，不能遽然視為定論。

　　三警備長官的人事遷轉略如上述，至於其與政權核心 —— 君主 —— 的相關性又如何？現亦略述於後。

　　警備機構負責安全大任，尤其是京畿警備機構所負責的更是與皇室息息相關的宿衛警備大任，因此理論上這些機構的長官應與政權核心 —— 君主 —— 有更親密的關係，揆之史傳，略當如此，唯西漢皇權〔註25〕有相對的高低，如武帝時期皇權特為高漲，元、成、哀平時期相對的就比較低落了。此外尚有其它特例，如高后非以劉氏掌控大權，文帝於政變後以外藩入主未央宮，昭帝年幼，霍光輔政，大權集於一身；元、成、哀平時期外戚勢大；凡此諸例皆可見出諸警備長官的結構性格。高帝時不論，高后掌權，則警備之任委

〔註24〕此處所言之列將軍，只就昭、宣以後的中朝將軍而言。
〔註25〕此處所言皇權，僅就技術性的掌控大權而言，不涉及其本質與其它枝節。

由外家諸呂。文帝以外藩入繼正統，亦以親信掌控警備。霍光秉政，諸霍執兵權，霍光以「張安世篤行」遽親重之，且擢爲右將軍光祿勳；〔註26〕而安世終昭帝一朝及宣帝早期十餘年間皆居光祿勳職，史稱宣帝「甚尊憚大將軍（霍光），然內親安世，心密於光焉。」〔註27〕張安世以謹愼著稱，其於政治上無黨與，不構成威脅，霍光擢張安世爲光祿勳亦未嘗沒有這層考慮。而宣帝的親密張安世亦於勢不得不然，因其時大權、兵柄皆在諸霍之手，而安世雖爲霍光所拔，卻不特親於霍氏（此當與其敬謹個性有關），故宣帝特親之。霍光不僅把持昭帝一朝大政，即使宣帝朝初期亦然，逮至地節二年（西元前68年）霍光死，次年諸霍伏誅，一、二十年間，霍氏的權力一直甚爲強大。而其諸婿如范明友任衛尉長達十二年，另鄧廣漢掌長樂宮，任勝爲諸吏中郎將羽林監，趙平爲散騎騎都尉光祿大夫將屯兵；光子禹爲大司馬右將軍領屯兵，〔註28〕因此當地節三年宣帝收解諸霍兵權後，將這些武備交由所親信者及外家許史子弟。考三警備長官，自宣帝後有爲數頗眾的外家，其始作俑者即宣帝，此於情實可理解，按人之所信者必爲所親。凡上述諸例，多有君主親信出任警備長官者，至於武帝時則無有，此殆因武帝爲一雄才大略的君主，且其在位期間，正也是西漢皇權最高漲的時期，亦即能有效且直接的控制諸官僚體系，因此看不到武帝時期的警備長官有與君主較爲親密關係的事實。

三警備長官中與君主最爲親密者當屬光祿勳，因其親密，故有所謂的「爪牙官」之稱。《漢書》卷七十一〈彭宣傳〉，記宣以王國人入爲光祿勳，哀帝即位歲餘，「欲令外家丁傅處爪牙官」，乃以王國人不得宿衛爲由策免彭宣（71/1361a）。《漢書》卷七十九〈馮奉世傳〉，謂奉世「居爪牙官前後十年」（79/1445a），考本傳及〈公卿表〉，馮奉世爲光祿勳三年，此外曾任執金吾（未書多少年），若據此似執金吾亦爲爪牙官。所謂爪牙官，其義甚明，以其任宿衛警備，親近於君主，故如君主之爪牙。光祿勳於列卿之中，似又最親近於天子（此非整個西漢皆如此，然則可確信者自昭帝以後即然），時有與於中朝事者，按漢世中朝議事，列卿不與，必待加官始能參加；昭、宣以後列將軍爲中朝將軍，常居中用事，故得與議中朝。〔註29〕而西漢加官之制雖起自武

〔註26〕見《漢書》卷五十九〈張安世傳〉，p.1225a。
〔註27〕見《漢書》卷五十九〈張安世傳〉，p.1226b。
〔註28〕俱見《漢書》卷六十八〈霍光傳〉，p.1329b。
〔註29〕見前引廖伯源師文。

帝，然光祿勳加官者（包括列將軍）則始自昭帝時之張安世，〔註30〕其後則迭有所見，因此光祿勳又有「內卿」之稱。〔註31〕

　　從上面簡單的論述，可以得到初步的三點推論：1、警備之事攸關皇室安危，因此警備長官與政權的關係是親密的。2、親密的程度則隨政權的相對強弱勢而有所差別，當皇權高漲時，皇帝可以直接、絕對的掌控，因此不易見出其親密性，此可以武帝為代表。當帝位繼承非以正統，或以外藩入主，則警備必然益顯親密。當皇權相對低落時，則委由自己所最親者，此見之於宣帝以後，尤其是元、成、哀時常以外家出任。3、三警備機構長官與政權的親密性，其中以光祿勳為要，故有「爪牙官」、「內卿」之稱。

〔註30〕見《漢書》卷十九下〈公卿表〉，昭帝元鳳元年條：「光祿勳張安世為右將軍光祿勳。」（19下/327b）
〔註31〕見《漢書》卷八十八〈儒林房鳳傳〉：「（哀帝）時光祿勳王龔以外屬內卿。」（88/1555a）外屬者即外家。

附表一　西漢京畿警備系統表

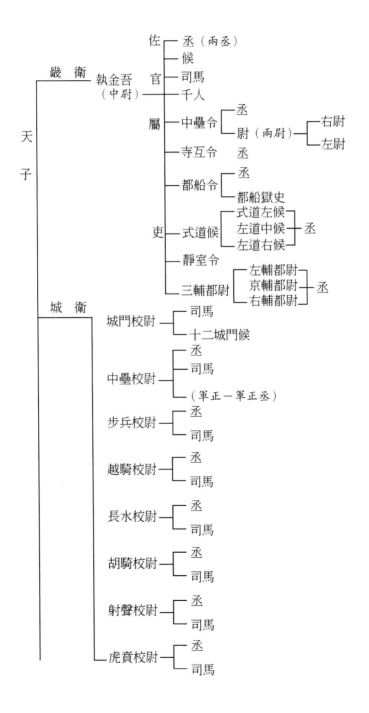

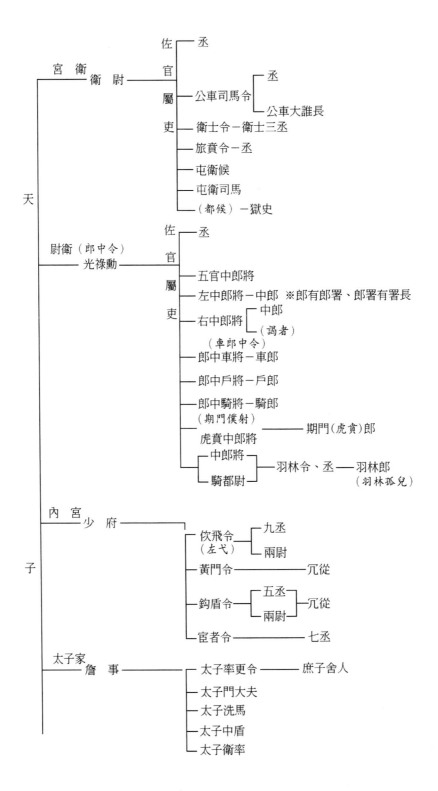

附表二　西漢諸警備長官歷官過程一覽表

附表 2-1：西漢諸警備長官歷官過程一覽表（執金吾部分）

《史》：《史記》、《漢》：《漢書》，未標示者指《漢書》

次序	帝號	姓 名	歷 官 過 程	出　　處
1		周昌	卒史→職志→中尉→御史大夫→趙相	19 下/314a,42/1021b ～1022b
2	高	丙猜	舍人（客）→中尉→封高苑（苑）→侯	《史》18/352a,《漢》16/243a, 19 下/314b
3	祖	靈常	荊令尹→（中）大夫→封陽羨（義）侯	《史》18/365b,《漢》16/257b
4		戚鰓	郎→都尉→中尉→封臨轅侯	《史》18/363b,《漢》16/255a, 19 下/315a
5	文	福	？→中尉→？	《史》118/1266a
6		周舍	？→中尉→衛將軍	4/75a,19 下/317b
7	帝	周亞夫	河內太守→將軍→中尉→將軍→太尉→丞相	40/1008a,b
8	景	嘉	？→中尉→？	19 下/318a,49/1093a,b
9	帝	衛綰	郎→中郎將→河間太傅→中尉→太子太傅→御史大夫→丞相	19 下/318b,46/1056a

10		郅都	郎→中郎將→河南太守→中尉（免）→雁門太守	19下/319a,90/1564a
11		甯成	郎→謁者→濟南都尉→關都尉→中尉→內史	19下/319b,90/1564b
12		張歐	以刑名侍文帝太子→九卿（中尉）→御史大夫→上大夫祿歸老	19下/320a,46/1057a
13		韓安國	梁國中大夫→梁內史（免）→北地都尉→大司農→御史大夫（行丞相事）→免→中尉→衛尉→將軍→右北平太守	19下/321a,52/1126a～1130a
14		趙禹	佐史→令史→丞相史→御史→中大夫（免）→中尉→少府→廷尉→燕相	19下/321b,90/1565a,
15	武	（李息）	事景帝→（武帝）材官將軍→將軍→中尉→將軍（免）→大行令	19下/321b,55/1161b
16		殷宏	以景帝王皇后兄蓋侯信任官→中尉→？	19下/322a,44/1038b,50/1101b
17		司馬安	太子洗馬→淮陽太守→中尉→廷尉→河南太守	19下/322a,50/1101b
18		霸	？→中尉→？	19下/322b
19	帝	王溫舒	縣亭長（廢）→廷尉史→御史→廣平都尉→河內太守→中尉→廷尉→中尉（免）→少府→右內史（免）→右輔都尉行中尉事	19下/322b,90/1566b
20		尹齊	御史→關都尉→中尉（免）→淮陽都尉	19下/323b,90/1567b
21		豹	？→少府→中尉→？	19下/324a
22		杜周	廷尉史→御史中丞→廷尉→執金吾→御史大夫	19下/325a,60/1229b
23		范方渠	？→弘農太守→執金吾→？	19下/325b
24		劉敢	？→執金吾→？	97上/1683b
25		郭廣意	？→執金吾→？	19下/326b,63/1262a
26	昭	馬適建	？→執金吾→？	8/106b,19下/327a
27		壺信	？→執金吾→？	19下/327b
28	帝	李壽	？→沛郡太守→執金吾→？	19下/328a
29		延壽	？→執金吾→？	19下/328b,68/1325b
30	宣	辟兵	？→司隸校尉→執金吾→？	19下/328b,68/1325b
31		郅元	？→執金吾→？	19下/329b
32		嚴延年	？→執金吾→？	19下/329b,63/1269a
33	帝	廣意	？→執金吾→？	19下/330a,77/1428b

34		賢	？→南陽太守？→執金吾→？	19 下/330b
35		田聽天	？→執金吾→廷尉	19 下/331a,b
36		平	？→執金吾→？	19 下/331b
37	元	馮奉世	武安長（失官）→軍司空令→郎→衛候→光祿大夫→水衡都尉→執金吾→典屬國→光祿勳→左將軍→光祿勳	19 下/332a,79/1443a～1445a
38		李延壽	？→丞相司直→執金吾→衛尉→御史大夫	19 下/332a～333a,79/1446a
39	帝	王章	？→中少府→執金吾→太僕→右將軍→光祿勳	19 下/333b～335a
40		任千秋	？→太常（免）→執金吾→右將軍→左將軍	9/126a～19 下/334a
41		辛慶忌	右校丞→侍郎→校尉→謁者→金城長史→郎中車將→張掖太守→酒泉太守→光祿大夫→左曹中郎將→執金吾→酒泉太守→光祿大夫→執金吾→雲中太守→光祿勳→右將軍諸吏散騎給事中→左將軍	19 下/334a,69/1343a,b
42	成	輔	？→執金吾→？	19 下/334b
43		韓立	？→護西域都尉→執金吾（坐選舉不實免）	19 下/335a
44		韓勳	？→中少府→執金吾→光祿勳→右將軍	19 下/336a,b
45		翟方進	小史（歸）→郎→議郎→博士→朔方刺史→丞相司直→京兆尹→御史大夫→執金吾→丞相	19 下/336b,84/14819a～1482b
46		廉褒	？→金城太守→執金吾→右將軍	19 下/336b,81/1462b
47	帝	尹岑	？→郡守→護羌校尉→執金吾→右（後）將軍	19 下/336b,76/1415b
48		趙護	？→河東都尉→廣漢太守→執金吾	10/133b,19 下/336b
49		任宏	？→太僕→執金吾→代郡太守	19 下/337b
50		王咸	？→光祿大夫→執金吾→右將軍→左將軍	19 下/337b
51		閻崇	？→光祿大夫→執金吾（辛）	19 下/337b
52		孫雲	？→執金吾→衛尉→少府	19 下/337b～338b
53	哀	公孫祿	？→五官中郎將→執金吾→右將軍→左將軍	19 下/338a
54	帝	蟜望	？→將作大匠→執金吾→右將軍	19 下/338b

55	蕭育	太子庶子→郎（免）→御史→大將軍功曹→謁者→使匈奴副校尉→茂陵令→司隸校尉（免）→中郎將→青州刺史→冀州刺史→長水校尉→泰山太守→大鴻臚→右扶風（免）→南郡太守（病去官）→光祿大夫→執金吾	19下/338b,78/1441b～1442a
56	毋將隆	大司馬從事中郎→諫大夫→冀州牧→潁川太守→京兆尹→執金吾→沛郡都尉→南郡太守→王莽時徙合浦	19下/338b,77/1433a,b
57	申屠博	？→光祿大夫→京兆尹→執金吾（免）	19下/338b
58	韓容	？→光祿大夫→執金吾（免）	19下/339a
59	孫建	？→護軍都尉→執金吾→右將軍→左將軍	19下/339a,b
60	平帝 任岑	？→中郎將→執金吾（辛）	19下/339a
61	尹賞	郡吏？→樓煩長→粟邑令→頻陽令（免）→鄭令→長安令→江夏太守（免）→右輔都尉→執金吾（辛）	19下/339b,90/1571b～1572b
62	王駿	？→執金吾→步兵將軍	19下/339b

附表 2-2：西漢諸警備長官歷官過程一覽表（衛尉部分）

《史》：《史記》，《漢》：《漢書》，未標示者指《漢書》

次序	帝號	姓名	歷官過程	出處
1	高祖	酈商	從沛公起事以將軍→爲隴西都尉→右丞相→衛尉→右丞相	19下/314b,41/1013b～1014b
2		王氏	?→衛尉→?	19下/315a,39/991a
3	惠帝	劉澤	郎中→將軍→衛尉→琅邪王→燕王	《史》18/363a,《漢》19下/315a,35/955a
4	高后	衛毋擇	隊率→郎→?→衛尉→?	《史》19下/372a,《漢》16/261b
5	文帝	足	?→衛尉→	4/71b,19下/317a
6	景帝	直不疑	郎→太中大夫→（主爵都尉）→中大夫令（衛尉）→御史大夫	19下/319b,46/1056a,b
7	武帝	李廣	以良家子起→郎騎→騎郎將→驍騎都尉→上谷太守→太郡太守守隴西、北地、鴈門、雲中太守→衛尉→右北平太守→郎中令	19下/321a,54/1141a～1144b
8		蘇建	?→校尉→將軍→衛尉（免）→代郡太守	19下/321b,54/1148b
9		韓安國	見執金吾表13	19下/321b,52/1126a～1130a
10		張騫	郎→太中大夫→校尉→衛尉（免）→中郎將→大行	19下/322b,61/1238a～1242a
11		充國	?→衛尉（坐齋不謹棄市）	19下/322b
12		路博德	?→右北平太守→衛尉→彊弩都尉	19下/323b,55/1162a
13		李壽	新安令史→?→衛尉（誅）	17/276b,19下/326b
14		不害	?→《守》衛尉→?	19下/326b
15		遺	?→《守》衛尉→?	19下/326b
16	昭帝	王莽	?→衛尉→右將軍衛尉	19下/327a,68/1323b
17		田廣明	郎→天水司馬→河南都尉→淮陽太守→大鴻臚→衛尉→左馮翊→御史大夫→將軍	19下/327a,90/1569a,b
18		范明友	?→中郎將→度遼將軍衛尉→光祿勳（誅）	19下/328a～329b,68/1329b

19	宣	趙充國	騎士→羽林→假司馬→中郎→將軍長史→護軍都尉→中郎將→水衡都尉→後將軍兼水衡都尉→將軍→後將軍（長信）少府後將軍衛尉→後將軍	19下/330b,69/1335a～1342a
20		忠	？→衛尉→？	19下/330b
21	帝	韋玄成	郎→諫大夫→大河都尉→河南太守→衛尉→太常（免）→淮陽中尉→少府→太子太傅→御史大夫→丞相	19下/330b,73/1379a～1381a
22		弘	？→衛尉→？	19下/331a
23		順	？→衛尉→？	19下/331b
24	元	王接	以外戚任官→嗣平昌侯→衛尉→大司馬車騎將軍	19下/331b～332b,97上/1688a
25		雲	？→衛尉→？	19下/332b
26		李延壽	見執金吾表38	19下/333a,79/1446a
27	帝	王鳳	以外戚任官→嗣陽平侯→衛尉→大司馬大將軍	19下/333a,98/1704a,b
28		王罷軍	？→衛尉→？	19下/333b
29		王玄	？→衛尉→？	19下/334b
30		金敞	太子中庶子→騎都尉光祿大夫→侍中中郎將→奉車水衡都尉→衛尉	19下/335a,68/1333a
31		王襄	以父鳳任官→嗣陽平侯→衛尉→太僕	18/290a 19下/335b～336a
32	成	逢信	？→弘農太守→京兆尹→太僕→衛尉	19下/335a～336a,84/1483a
33		淳于長	黃門郎→校尉→侍中水衡都尉→衛尉	19下/336b,93/1590b～1591b
34		趙訢	以外戚嗣成陽侯→衛尉	18/291b,19下/337b
35	帝	趙玄	？→尚書僕射→光祿勳→太子太傅→侍中光祿大夫→大司農中丞→衛尉→中少府→御史大夫	19下/337a～338a,83/1479a,88/1549b
36		傅喜	太子庶子→衛尉→右將軍→上將軍→光祿大夫→大司馬	19下/337b～338a,82/1470a,b
37		王龔	？→侍中光祿大夫→衛尉→光祿勳→弘農太守	19下/337b
38		丁望	以外戚任官→城門校尉→衛尉→光祿勳→左將軍	19下/337b～338a

39	哀	賈延	？→詹事→少府→衛尉→少府→諸吏散騎光祿勳→御史大夫	19 下/338a,b,81/1464b
40		孫雲	見執金吾表 52	19 下/338b
41		董恭	御史→霸陵令→光祿大夫→少府→衛尉→光祿大夫	19 下/338b,93/1591b～1593b
42	帝	弘譚	？→光祿大夫→右扶風→衛尉→大司農	19 下/339a
43		王崇	郎→刺史→郡守→河南太守→御史大夫→大司農→衛尉→左（右）將軍→大司空	19 下/339a,72/1366b～1367a
44		黃輔	以父黃賞任官→嗣建成侯→衛尉	19 下/339a,89/1559b

附表 2-3：西漢諸警備長官歷官過程一覽表（光祿勳部分）

次序	帝號	姓名	歷 官 過 程	出 處
1	高祖	王恬啓	？→郎中令→衛將軍→梁國相	16/261b,19 下/314b
2		陳平	都尉→護軍中尉→郎中令（？）→左丞相	40/1001a～1004b
3	高后	賈壽	？→郎中令→？	3/66b
4	文帝	張武	？→代國郎中令→郎中令	4/69b～78a, 19 下/316b
5	景帝	周仁	舍人→太中大夫→郎中令	19 下/318b,46/1056b
6		賀	？→郎中令→？	19 下/319b
7		王臧	？→太子太傅→？郎中令	19 下/320a,88/1550a,b
8		石建	？→二千石→郎中令	19 下/320a,46/1053b ～1054a
9	武帝	李廣	見衛尉表 7	19 下/321a,54/1141a～ 1144b
10		李敢	郎→校尉→郎中令	19 下/322b,54/1144b ～1145a
11		徐自爲	？→郎中令、光祿勳→？	6/99b,19 下/323a
12		韓說	？→校尉→待詔→橫海將軍→游擊將軍屯五原→光祿勳	19 下/326a,33/940a
13		有祿	？→光祿勳→？	19 下/326b
14	昭帝	張安世	郎→尙書→尙書令→光祿大夫→光祿勳→右將軍光祿勳→車騎將軍光祿勳→大司馬車騎將軍領尙書事→衛將軍領兩宮衛、北軍→大司馬	19 下/327a～330a, 59/1225a～1226b
15	宣帝	范明友	見衛尉表 18	19 下/328a～329b, 68/1329b
16		楊惲	郎→常侍騎→左曹中郎→中郎將→諸吏光祿勳	19 下/330b,66/1309b ～1310a

17		蕭望之	郎→門候（免）→郡吏→御史屬→大行治禮丞→謁者→諫大夫→丞相司直→太原太守→少府→左馮翊→大鴻臚→御史大夫→太子太傅→前將軍→光祿勳（免）給事中	19 下/331b,78/1436a～1441b
18	元	賞	?→光祿勳→?	19 下/332a
19		周堪	譯官令→太子少傅→諸吏光祿大夫（免）→中郎→光祿大夫→光祿勳→河東太守→光祿大夫	19 下/332a,36/965a,b～970a,b 88/1548b
20		金賞	侍中→奉車都尉→太僕→光祿勳	19 下/332b,68/1332b
21	帝	馮奉世	見執金吾表37	19 下/332b,79/1443a～1445a
22		匡衡	太常掌故→平原文學→議曹史→郎中→博士給事中→光祿大夫→太子少傅→光祿勳→御史大夫→丞相	19 下/333a,81/1455a～1460a
23		于永	侍中→中郎將→長水校尉→散騎光祿勳→御史大夫	19 下/333a,71/1359b
24		王章	見執金吾表39	19 下/333b～335a
25		辛慶忌	見執金吾表41	19 下/335b～336b,69/1343a,b
26	成	孔光	議郎→諫大夫→虹長（免歸）→博士→尚書→僕射→尚書令→諸吏光祿大夫給事中領尚書事→光祿勳領尚書事給事中→御史大夫→廷尉→左將軍居右將軍官職→丞相（免）→光祿大夫給事中→御史大夫→丞相→大司徒→太傅給事中→太師領城門兵	19 下/336a,81/1461b～1465b
27		韓勳	見執金吾表44	19 下/336a
28		師丹	郎→博士（免）茂材→博士→東平王太傅→光祿大夫→丞相司直→光祿大夫給事中→少府→侍中光祿勳→侍中光祿大夫→諸吏散騎光祿勳→太子太傅→左將軍領尚書→大司馬→大司空	19 下/336b～337b 86/1511a～1513b
29	帝	平當	大行治禮丞→大鴻臚文學→順陽長→柏邑令→博士→給事中博士→丞相司直→朔方刺史→太中大夫給事中→長信少府→大鴻臚→光祿勳→鉅鹿太守→騎都尉→諸吏散騎光祿大夫→光祿勳→御史大夫→丞相	19 下/336b～338a 71/1360a～1361a
30		王根	以外戚封曲陽侯→光祿勳→大司馬票騎將軍→大司馬	19 下/336b～337b

31	王安	以丞相子任官→？→長樂衛尉。嗣父爲樂昌侯→光祿勳	19下/337a,82/1468b
32	趙玄	見衛尉表35	19下337a～338a,83/1479a,88/1549b
33	許商	？→侍中光祿大夫→大司農→光祿勳→？	19下/337b
34	彭宣	博士→東平王太傅→右扶風→廷尉→太原太守→大司農→光祿勳→右將軍→左將軍（免歸）→光祿大夫→御史大夫→大司空	19下/337b,71/1361a,b
35	王龔	見衛尉表37	19下/337b
36	丁望	見尉表38	19下/337b～338a
37	賈延	見衛尉表39	19下/337a～338b
38	馬宮	郎→楚長史（免）丞相司直→廷尉平→青州刺史→汝南太守→九江太守→詹事→光祿勳→右將軍→大司徒→太師兼司徒→太子師	19下/338b～339b81/1465b～1466a
39	甄豐	？→左曹中郎將→光祿勳→少傅左將軍→大司空→太阿右拂	19下/339a,b，99上/1713a
40	甄邯	？→侍中奉車都尉→左將軍光祿勳→右將軍光祿勳→太保→大將軍	19下/339a,b,99上/1725b
41	王惲	？→長樂衛尉→太僕→光祿勳	19下/339a,b

附表三　西漢諸警備長官任遷、最高官職統計表

機構別	官名	由它官遷本官																							
		御史大夫	將軍	太常	衛尉	太僕	廷尉	大鴻臚	大司農	少府（中少府）	執金吾	太子少傅	將作大匠	詹事	典屬國	水衡都尉	丞相司直	尚書僕射	京兆尹	右扶風	護軍都尉	司隸校尉	城門校尉	長水校尉	護軍中尉
	時代																								
執金吾	高祖																								
	惠帝																								
	高后																								
	文帝																								
	景帝																								
	武帝	1	1				2				1														
	昭帝																								
	宣帝																							1	
	元帝										(1)					1	1								
	成帝	1			1	1					(1)														
	哀帝												1						2	1					
	平帝																								
衛尉	高祖		1																						
	惠帝		1																						
	高后																								
	文帝																								
	景帝																								
	武帝		1								1														
	昭帝								1																
	宣帝		1																						
	元帝										1														
	成帝					1										2							1		
	哀帝								1	2	1											1			
	平帝																								
光祿勳	高祖																								1
	惠帝																								
	高后																								
	文帝																								
	景帝																								
	武帝		1																						
	昭帝																								
	宣帝			1																					
	元帝		1			1					1					1			1					1	
	成帝		1			1		1	2	1	1														
	哀帝		1								1			1											
	平帝					1																			
	小計	2	8	1	3	4	2	2	3	5(2)	4	1	1	1	1	3	1	1	2	1	1	1	1	1	1

機構別	官名	由它官遷本官																				由本官遷他官			
		護羌校尉	右輔都尉	西域都尉	都尉	關都尉	奉車都尉	校尉	光祿大夫	太中大夫	中大夫	中郎將	大司農中丞	太子中庶子	太守	王國太傅	王國郎中令	侯	職志	未詳	小計	丞相	太尉（大司馬）	御史大夫	將軍
	時代																								
執金吾	高祖				1							1						1		1	4			1	
	惠帝																				0				
	高后																				0				
	文帝														1					2	3	1			
	景帝					1									1	1				1	4				
	武帝		1			1						1			3					5	16			2	
	昭帝														1					3	4				
	宣帝														1					5	7				
	元帝																			3					1
	成帝	1	1						3			1			2					2	14	1			4
	哀帝								2			1								7					3
	平帝			1								1								1	3				1
衛尉	高祖																			1	2	1			
	惠帝																				1				
	高后																				1				
	文帝																				1				
	景帝										1										1			1	
	武帝							1							2					4	9				1
	昭帝											1								1	3				1
	宣帝														1					3	5				1
	元帝																	2		1	4		(2)	1	
	成帝												1	1				2		2	10				1
	哀帝								1									1			7				1
	平帝																				0				
光祿勳	高祖																			1	2	1			1
	惠帝																				0				
	高后																			1	1				
	文帝															1					1				
	景帝								1												2				
	武帝														1					4	6				
	昭帝						1	1													2		(1)		
	宣帝												1								2				
	元帝								1											1	8			2	
	成帝								2						1		2				12		(1)	1	3
	哀帝								1				1								5			2	3
	平帝				1																2				
小計		1	2	1	1	2	1	2	11	2	2	6	1	1	14	1	1	7	1	42	152/152	3	1(4)	10	21

表頭分組：「由本官遷他官」涵蓋「太常」至「小計」各欄；「最高官職」涵蓋「王」至「御史大夫（大司空）」各欄。

機構別	時代	太常	光祿勳	衛尉	太僕	廷尉	大司農	少府（中少府）	太子太傅	內史	左馮翊	彊駑都尉	光祿大夫	太守	都尉	卒於官	死	免	未詳	小計	王	丞相	大司馬（太尉）	御史大夫（大司空）
執金吾	高祖																		3	4				1
	惠帝																			0				
	高后																			0				
	文帝																		2	3			1	
	景帝								1	1								1	1	4			1	
	武帝		1			2		1									1	1	8	16				3
	昭帝																		4	4				
	宣帝					1													6	7				
	元帝			1	1															3				1
	成帝		1	1											3			1	1	2	14		1		
	哀帝																1	1	2		7				
	平帝																2				3				
衛尉	高祖																		1	2		1		
	惠帝																		1	1	1			
	高后																		1	1				
	文帝																		1	1				
	景帝																			1				1
	武帝										1		1				2	2	2	9				1
	昭帝		1								1									3				1
	宣帝	1																	3	5		1		
	元帝																		1	4			2	1
	成帝		2		1			(1)									1	3		2	11		1		1
	哀帝					1	2					1					1				6				2
	平帝																				0				
光祿勳	高祖																			2		1		
	惠帝																			0				
	高后																		1	1				
	文帝		1																	1				
	景帝																	1		2				
	武帝															4		1	2	7				
	昭帝																			1				
	宣帝																1	1		2				
	元帝								1					2		1	1		1				1	2
	成帝				2				2			2	2	1					1	15		1	3	1(1)
	哀帝																			5		1		1(1)
	平帝																		2	2				
	小計	1	5	3	2	3	1	3(1)	3	1	1	1	3	7	1	13	7	11	46	152/152	1	9	7	16(2)

機構別	官名	最高官職									小計
		太傅(太師)	將軍	光祿勳	衛尉	太僕	廷尉	大鴻臚(大行令)	執金吾	侯	
	時代										
執金吾	高祖								3		4
	惠帝										0
	高后										0
	文帝		1				1				3
	景帝								3		4
	武帝						5	(1)	7		16
	昭帝								4		4
	宣帝						1		6		7
	元帝		2								3
	成帝		7	1	1				4		14
	哀帝		3				1		3		7
	平帝		1						2		3
衛尉	高祖				1						2
	惠帝										1
	高后				1						1
	文帝				1						1
	景帝										1
	武帝			1	7						9
	昭帝		1	1							3
	宣帝		1		3						5
	元帝				1						4
	成帝		1	1	7						11
	哀帝				4						6
	平帝										0
光祿勳	高祖		1								2
	惠帝										0
	高后			1							1
	文帝			1							1
	景帝			2							2
	武帝			7							7
	昭帝										1
	宣帝			2							2
	元帝		1	3							7
	成帝	1	4	2							13
	哀帝	(1)	1	1							5
	平帝		1	1							2
	小計	1(1)	25	22	26	1	6	1(1)	30	3	152/152

附表四　西漢警備長官遷轉中都官、地方官統計表

機構	時代	類別	高祖	惠帝	高后	文帝	景帝	武帝	昭帝	宣帝	元帝	成帝	哀帝	平帝	小計	百分比
執金吾	遷入	中都官	1					6		1	3	8	6	2	27	27/65
		地方官				1	3	5	1	1		4	1		16	16/65
		（未詳）	(1)			(2)	(1)	(4)	(3)	(3)		(2)		(1)	(19)	(19/65)
		其他	2					1							3	3/65
	遷出	中都官	1			1	2	6		1	3	8	4	3	29	29/65
		地方官										3	1		4	4/65
		（未詳）	(3)			(2)	(1)	(8)	(4)	(6)		(2)			(26)	(26/65)
		其他						1	2			1	2		6	6/65
衛尉	遷入	中都官						1	1	2	1	1	7	5	18	18/44
		地方官								2		1			3	3/44
		（未詳）	(1)		(1)	(1)		(4)	(1)	(3)	(1)	(2)			(14)	(14/44)
		其他		1				2			2	2	1	1	9	9/44
	遷出	中都官	1					1		2	2	3	6	6	22	22/44
		地方官						1							1	1/44
		（未詳）	(1)	(1)	(1)	(1)		(2)		(3)	(1)	(2)			(12)	(12/44)
		其他						6				3			9	9/44
光祿勳	遷入	中都官						1		1	2	6	10	5	27	27/43
		地方官				1		2				1			4	4/43
		（未詳）	(1)		(1)		(1)	(3)			(1)				(7)	(7/43)
		其他	1					2				2			5	5/43
	遷出	中都官	1					4			4	10	5		27	27/43
		地方官										1	2		3	3/43
		（未詳）				(1)	(1)	(2)			(1)	(1)		(2)	(8)	(8/43)
		其他	1				1	1			1				5	5/43

附表五　西漢警備長官任期統計表（年代不確定者不列入）

機構	時代/任期	高祖	惠帝	高后	文帝	景帝	武帝	昭帝	宣帝	元帝	成帝	哀帝	平帝	小計
執金吾	一年以下										4	4		8
	一　年						7	3	6	1	7	2	2	28
	二　年						5			1	2	1		9
	三　年						1						1	2
	四　年					1			1					2
	五年以上						3	1		1	1			5
衛尉	一年以下										4	2		6
	一　年						5		4	2	3	2		16
	二　年								1		1	1		3
	三　年						1	1	1					3
	四　年						2				1	1		4
	五年以上						1	2		1	2			6
光祿勳	一年以下										8	2		10
	一　年						4		1	3	4	1	1	14
	二　年									1		2		3
	三　年									2				2
	四　年												1	1
	五年以上				1	1	3	1	1	1	1			9

附表六　未任警備長官前已任地方二千石（比二千石）官統計表

時代 ＼ 類別	執金吾	衛　尉	光祿勳
高祖			
惠帝			
高后			
文帝	1		1
景帝	3		
武帝	5	3	1
昭帝	1	1	
宣帝	1	1	
元帝			1
成帝	6	1	3
哀帝	4	2	1
平帝	1		
小計	22	8	7
比例	22/65	8/44	7/43

附表七　諸警備長官曾任地方官統計表

時代＼類別	執金吾	衛　尉	光祿勳
高祖	2	1	1
惠帝			
高后			1
文帝	1	1	1
景帝	3		
武帝	5	3	4
昭帝	1	1	1
宣帝	1	1	2
元帝	1	3	1
成帝	6	5	3
哀帝	4	2	3
平帝	1		
小計	25	17	17
比例	25/65	17/44	17/43

附表八　元成哀三朝以外家任警備長官表

（　）表該帝時該官總數

時代 類別	元　帝	成　帝	哀　帝
執金吾	2 （3）		
衛尉	2 （4）	7 （11）	
光祿勳	1 （7）	5 （12）	1 （5）

附表九　西漢非未央宮之衛尉簡表

※表最高與最後官職同

帝號	姓名	遷本官前之官職	由本官職遷任之官	最高（△）最後（○）官職	所領宮名	出　處
高后	呂更始	以外家入		△長樂衛尉	長樂	3/67a
武帝	竇甫	以外家入		△長樂衛尉	長樂	63/1267b
	程不識	太中大夫		△長樂衛尉	長樂	54/1142a
昭帝	劉辟彊	光祿大夫	宗正	※宗正	長樂	36/963b
宣 帝	鄧廣漢		長信少府	△長樂衛尉○長信少府	長樂	8/113b,68/1329b
	金安上		卒於官	※建章衛尉	建章	68/1333a
	丙顯	太　僕	太僕	△太僕○城門校尉	建章	19下/331b, 74/1393a,b
	許舜	以外家人		※長樂衛尉	長樂	18/289a
元帝	王弘	以外家入		※長樂衛尉	長樂	98/1704a
成 帝	史丹	駙馬都尉	右將軍給事中	※左將軍光祿大夫	長樂	82/1469b
	王安	以樂昌侯入	光祿勳	※右將車	長樂	19下/337a, 82/1468b
	韋安世	大鴻臚	卒於官	※大鴻臚	長樂	73/1381a

附表十　西漢八校尉簡表

※表最高、最後官職同

帝號	姓　名	校尉別	遷本官前之官職	由本官遷任之官職	最高（△）最後（○）官職	出　　處
元帝	于永	長　水	侍中中郎將	散騎光祿勳	※御史大夫	71/1359b
	陳湯	射　聲	西域副校尉	免	△射聲校尉 ○大將軍幕府從事中郎	70/1347a～1354a
	甘延壽	長　水	騎都尉	城門校尉	△城門校尉 ○護軍都尉	70/1351b
	甘延壽	城　門	長水校尉	護軍都尉	同上	同上
	諸葛豐	城　門	司隸校尉	免	△司隸校尉 ○城門校尉	77/1428b～1429b
	匡昌	越　騎			※越騎校尉	81/1459b
成帝	丙顯	城　門	太　僕 （先免）	卒於官	△太僕 ○城門校尉	74/1393a,b
	丙高	中　壘			※中壘校尉	74/1393a
	劉向	中　壘	光祿大夫	列大夫	△宗正 ○大夫	36/965a,975b
	蕭育	長　水	冀州刺史	泰山太守	△大鴻臚 ○執金吾	78/1442a
	蕭咸	越　騎	河東太守 （先免）	護軍都尉	※大司農	78/1442b
	劉歆	中　壘	黃門郎	侍中太中大夫	※國師公	36/977a～979b
	丁望	城　門		衛　尉	※光祿勳	19下/337b～338a

哀 帝	金參	越　騎	使匈奴中郎 將	關都尉		△越騎校尉 ○東海太守	68/1333a
	金饒	越　騎				※越騎校尉	68/1333a
	丁憲	城　門			太　僕	※太僕	19下/338a
平 帝	劉歆	中　壘	右曹太中大 夫	義　和		※國師公	36/977a～979b
	張宏	越　騎	太　常			△太常 ○越騎校尉	19下/339a
	劉岑	城　門		太　常		※太常	19下/339a

附表十一　西漢諸警備長官任遷表

表例：B.C 表紀元前，A.D 表紀元後；△表最高職，○表最後官職，※表最高與最後
　　　爲同一官職。無最與最高後官職者，以所封侯表之。上述皆無者以見於史文之
　　　最終官職表之。其任官起迄年僅有起年，則但書起年。

（一）執金吾部分〔註1〕

次序	帝號	年　代	紀　元	姓　名	遷執金吾前之官職	由執金吾遷任之官職	最高（△）最後（○）官職	出　處
1	高祖	元　年	206.B.C	周昌〔註2〕	職　志	御史大夫〔註3〕	△御史大夫 ○趙丞相	《漢》19下/314a, 42/1021b～1022b
2		五　年	202B.C	丙猜〔註4〕			高宛（苑）侯	《史》18/352a, 《漢》19下/314b

〔註1〕 本表所列中尉，以《漢書‧公卿表》爲主要依據，復參各〈紀〉、〈傳〉。對於出
　　　現於〈高祖功臣侯者年表〉之中尉，以〈表〉文觀之，當屬行軍戰事之臨時權
　　　與，與列卿之中尉不同，故不列入。上類之中尉皆見於楚漢之際，據《史記》
　　　卷十八〈高祖功臣侯者年表〉所載計有：曲逆侯陳平（護軍中尉 18/342b），斥
　　　丘侯唐厲（爲漢中尉，擊布爲斥丘侯 18/352b），柏至侯許溫（以中尉擊籍侯
　　　18/356a），開封侯陶舍（以中尉擊燕，定代侯 18/361a）。另《史記》卷十九〈惠
　　　景間侯者年表〉有中邑侯朱通（從高祖入漢，以中尉破曹咎 19/372a）。上述諸
　　　人並見《漢書》卷十六〈高惠高后功臣表〉，所列諸人名字或有異，但以《史
　　　記》爲據。另見於列傳者則有曹參。《漢書》卷三十九〈曹參傳〉，劉邦爲漢王
　　　自漢中出臨晉關，參以中尉從，擊項羽，軍敗；以中尉圍取雍丘，漢二年拜爲
　　　左丞相（39/993a）。是參爲中尉時亦當《漢書‧公卿表》上周昌爲中尉時（昌三
　　　年後始遷御史大夫），故曹參之中尉職當如前述諸人，乃行軍戰事之權與。
〔註2〕 《漢書》卷十九下〈公卿表〉，周昌於高祖四年（西元前 203 年）爲御史大夫，
　　　高祖十年（西元前 197 年）徙趙相（19下/314b）。
〔註3〕 《史記》卷十八〈高祖功臣侯者年表〉作〈高苑侯丙猜〉，侯功爲「初起以舍
　　　人從入漢，定三秦，以中尉破籍，侯」，其侯年在高祖六年（18/352a），《漢書‧
　　　公卿表》繫於高祖五年爲中尉，是猜於封侯前一年已爲中尉。
〔註4〕 《史記》卷十八陽義侯（《漢書》卷十六作陽羨侯）靈常，其侯功爲「以荆令
　　　尹，漢王五年初從，……徙爲漢大夫（《漢書》作中大夫）從至陳，取韓信（高

	帝	年	年代	姓名				出處
3		九　年	198B.C	靈常	中大夫〔註4〕		陽羨（義）侯	《史》18/365b,《漢》16/257b
4		十一年	196B.C	戚鰓	都　尉〔註5〕		臨轅侯	《史》18/363a,《漢》19下/315a
5	文	三　年	177B.C	福			△中尉	《史》118/1266a
6	帝	十四年之前	166B.C	周舍〔註6〕			※衛將軍	《漢》2/75a, 19下/317b
7		後六年	158B.C	周亞夫〔註7〕	河內守	太　尉	※丞相	《漢》40/1008a,b
8	景	三　年	154B.C	嘉〔註8〕			△中尉	《漢》19下/318a, 49/1093a,b
9		〃	〃	衛綰	河間王太傅	太子太傅	※丞相	《漢》19下/318b, 46/1056a
10	帝	七年～中三年	150～147B.C	郅都	濟南守	免	△中尉 ○鴈門太守	《漢》19下/319a, 90/1564a

祖九年）還爲中尉,從擊布,功侯」,其封年在高祖十二年。按高祖於十一年七月擊布,其時曾發「中尉辛三萬人爲皇太子衞」（《漢》1下/56a）,則其時之中尉靈常但以本官從帝出征,至於所領之中尉辛則不與。

〔註5〕　《史記》卷十八臨轅侯戚鰓,其侯功爲「初起從爲郎,以都尉守蘄城,以中尉侯」,其侯年在高祖十一年（18/363b）。《漢書》卷十六記其始封於高祖十一年二月,六年薨（16/255a）,是其薨在惠帝四年（西元前191年）

〔註6〕　《漢書·公卿表》文十四年條書:「中尉周舍」（19下/317b）,《漢書》卷四〈文帝紀〉十四年條:「冬,匈奴寇邊,殺北地都尉卬,遣……中尉周舍爲衞將軍」,是周舍至遲在文十四年已爲中尉。

〔註7〕　《漢書·公卿表》中尉格不見周亞夫爲中尉之載,唯景三年條太尉格有「中尉周亞夫爲太尉,五年遷官」,是表失載其爲中尉之年代（19下/318b）。《漢書》卷四十一〈周亞夫傳〉,亞夫於文後六年以河內太守爲將軍屯細柳,同年爲中尉,吳楚反時爲太尉（41/1008a.b）另《漢書》卷四〈文帝紀〉,文帝崩時,「中尉亞夫爲車騎將軍」（4/77b）,據此,則周亞夫爲中尉在文後六年至景三年。

〔註8〕　此中尉嘉者,失其姓。〈公卿表〉繫於景元年,唯景元年之中尉爲周亞夫（見註7）,今據《漢書》卷四十九〈鼂錯傳〉改。〈鼂錯傳〉:「景三年吳楚反時有中尉嘉,同年景帝聽從竇嬰言,使中尉召錯給載行市,斬之於東市」（49/1093a.b）,是嘉當代亞夫之職。景三年,衛綰以擊吳楚有功,還爲中尉,故嘉但於景三年吳楚反事期間爲中尉。

〔註9〕　〈公卿表〉景中六年宵成爲中尉,四年遷,與《漢書》卷九十〈宵成傳〉武帝即位徙成爲内史合（90/1564b）。而〈公卿表〉景後二年有《中尉廣意》當是誤記（19下/320a）。

11		中六年	144B.C	甯成〔註10〕	關都尉	內　史	△中尉	《漢》19下/319b,90/1564b
12	武	建元元年～元光四年	140～131 B.C	張歐〔註11〕		御史大夫	※御史大夫	《漢》19下/320a,46/1057a
13		元光五年	130B.C	韓安國	御史大夫	衛　尉	△御史大夫 ○右北平太守	《漢》19下/321a,52/1130a
14	帝	元光六年～元朔二年	129～127 B.C	趙禹〔註12〕	中大夫	少　府	△廷尉 ○燕相	《漢》19下/321b,90/1565a
15		元朔三年	126B.C	李息	將　軍		※大行令	《漢》19下/321b～322a,55/1161b

〔註10〕張歐，《史記》作張歐。《史記》卷一百三〈張歐傳〉：「景帝時尊重（歐），常爲九卿」（103/1136a）。考《漢書‧公卿表》歐於景元年爲廷尉，景五年爲奉常，其後至歐爲中尉時有奉常酇侯蕭勝、煮棗侯乘昌、軑侯吳利、柏至侯許昌，故張歐究以何官爲中尉則不知。

〔註11〕《漢書》卷九十〈趙禹傳〉：「武帝時，……遷（太）中大夫。……嘗中廢。已爲廷尉。……爲少府。……老徙爲燕相。」（90/1565a）未載禹爲中尉。據〈公卿表〉元光元年條：中大夫趙禹爲中尉，元朔五年條：中尉趙禹爲少府，元狩三年條：廷尉李友、廷尉安、廷尉禹，元狩五年條：廷尉司馬安，元鼎四年條：故少府趙禹爲廷尉，四年，以老貶爲燕相（19下/322a～323b）。以〈表〉〈傳〉合併觀之，元狩三年之廷尉禹爲誤記，不然元鼎五年當書「故廷尉」，而非「故少府」。趙禹之歷官當係：中大夫→中尉→少府（中廢）→廷尉→燕相。趙禹之歷官既明，則〈公卿表〉元朔三年之「中尉李息」恐係誤記。按元朔三年並無戰事，且元朔中未有趙禹爲將軍之事，因此趙禹爲中尉並無中斷（即短暫去職亦無），即元朔二年——五年中尉爲趙禹。另據《漢書》卷五十五〈李息傳〉：「武帝立八歲，爲材官將軍屯馬邑，後六歲爲將軍出代，後三歲爲將軍從大將軍出朔方，皆無功。凡三爲將軍，其後常爲大行。」（55/1161b）考《漢書》卷六〈武帝紀〉，李息爲將軍分別爲：元光二年以太中大夫爲材官將軍，元朔二年爲將軍，元朔五年爲彊弩將軍（6/88b～89a），皆未見其以中尉爲將軍之載，職是之故，李息爲中尉一事，恐是〈公卿表〉誤記。

〔註12〕李息之事已詳見註11，然〈公卿表〉載其爲中尉，故本表亦將其權列於上，爲存疑故以（　）識之。

16	武	元朔五年～六年	124～123 B.C	殷宏〔註13〕			○中尉	《漢》19下/322a, 44/1038b,50/1101b
17		元狩元年～二年	122～121 B.C	司馬安	淮陽太守〔註14〕	廷　尉	△廷尉 ○河南太守	《漢》19下/322a, 50/1101b
18		元狩三年	120B.C	霸			△中尉	《漢》19下/322b
19		元狩四年～元鼎二年	119～115 B.C	王溫舒	河內太守	廷　尉	△廷尉 ○中尉	《漢》19下/322b, 90/1566b
20	帝	元鼎三年	114B.C	尹齊	關都尉		△中尉 ○淮陽都尉	《漢》19下/323b, 90/1567b
21		元鼎四年～五年	113～112 B.C	王溫舒	廷　尉	免	△廷尉 ○中尉	《漢》19下/323b, 90/1567a
22		元鼎六年～元封五年	111～106 B.C	豹	少　府		△中尉	《漢》19下/324b
23		元封六年～太初元年	105～104 B.C	王溫舒〔註15〕	右輔都尉	族	△廷尉 ○中尉	《漢》19下/324b, 90/1567a
24		天漢二年～三年	99～98 B.C	杜周	廷　尉〔註16〕	御史大夫	※御史大夫	《漢》19下/325a, 60/1229a

---

〔註13〕〈公卿表〉作殷客，《漢書》卷四十四〈淮南王傳〉：「上（武帝）……遣中尉宏即訊驗（淮南）王。」（44/1038b）其年在元朔五年，正是〈公卿表〉「中尉殷客」之同年。另《史記》卷一百十八〈淮南王傳〉亦作「中尉宏」（118/1269b），今從〈傳〉文。另《漢書》卷五十〈汲黯傳〉有「濮陽段宏，始事蓋侯信，信任宏，官亦再至九卿。」（50/1101b）此段宏，王先謙謂即〈公卿表〉之中尉殷客。

〔註14〕《漢書》卷五十〈汲黯傳〉：「黯姊子司馬安亦少與黯爲太子洗馬，安文深巧善，宦（官）四至九卿，以河南太守卒。」同卷〈鄭當時傳〉：「當時爲大司農，任人賓客僦入，多逋負，司馬安爲淮陽太守，發其事。」（50/1101b～1102b）按〈公卿表〉鄭當時爲大農令（司農）在元光五年，一年免，是元光六年時司馬安爲淮陽太守。因此元狩元年前司馬安若中無遷免，則當是以淮陽太守入爲中尉。

〔註15〕《漢書》卷九十〈王溫舒傳〉對其歷官有詳細記載，今就其任中尉之大略書於下：元狩四年初爲中尉，五年後（元鼎三年）遷爲廷尉，一年後（元鼎四年）復爲中尉；二年後（元鼎六年）免。元封二年武帝作通天台未有人，溫舒請覆中尉脫卒數萬人得爲少府，二年後（元封四年）爲右內史，二年後免；隨復官爲右輔都尉行中尉事（元封六年）。二年後（太初元年）獄族。（90/1566a～1567a）。

〔註16〕〈公卿表〉杜周爲廷尉在元封二年：「御史中丞杜周爲廷尉，十一年免」。天

25		天漢四年	97B.C	范方渠	弘農太守		△執金吾	《漢》19下/325b
26		征和二年	91B.C	劉敢			△執金吾	《漢》97上/1683b
27		後元二年	87B.C	郭廣意〔註17〕			△執金吾	《漢》19下/326b, 63/1262a
28		始元元年～六年	86～81B.C	馬適建〔註18〕			△執金吾	《漢》19下/327a, 8/106b
29	昭	元鳳元年	80B.C	壺信			△〃	《漢》19下/327b
30	帝	元鳳五年	76B.C	李壽	沛國（郡）太守〔註19〕		△〃	《漢》19下/328a
31		元平元年	74B.C	延壽〔註20〕			△〃	《漢》19下/328b, 68/1325b
32	宣	本始二年	72B.C	辟兵	司隸校尉〔註21〕		△〃	《漢》19下/328b, 68/1325b
33		地節二年	68B.C	郅元			△〃	《漢》19下/329b

漢二年：「故廷尉周爲執金吾，一年遷」（19下/324a～325a），以時間計，周之免廷尉在天漢二年，是周中廢爲時僅數月。

〔註17〕郭廣意，《漢書》卷六十三〈燕刺王旦傳〉作郭廣義。當武帝崩後，昭帝繼位，燕王不平，以「璽書封小」爲由，使人至京師以問禮儀爲名以探實情。使者「見執金吾廣義，問帝崩所病，立者誰子，年幾歲。廣義言：『待詔五柞宮，宮中讙言帝崩，諸將軍共立太子爲帝，年八、九歲，葬時不出臨。』」（63/1262b～1263a）〈公卿表〉昭帝始元元年「執金吾河東馬適建」，是昭帝始立即易執金吾，此或是廣義以言失而免官。

〔註18〕〈公卿表〉昭帝始元元年：「執金吾馬適建，六年坐殺人下獄，自殺」，元鳳元年：「執金吾壺信」，以時間推之恰合（19下/327a.b）。另據《漢書》卷八〈昭帝紀〉元鳳元年條下：「武都氐人反，遣執金吾馬適建，……擊之。」（8/106b）是馬適建於元鳳元年初尚爲執金吾（擊反氐在元鳳元年六月之前）。

〔註19〕西漢有沛郡，屬豫州刺史部，後漢始有沛國，故此沛國太守當爲沛郡太守。見《漢書》卷二十八上〈地理志〉（28上/726b）。

〔註20〕《漢書》卷六十八〈霍光傳〉，廢昌邑王，群臣上書迎立宣帝時有「執金吾臣延壽」，注師古曰：「李延壽。」不知所據爲何。（68/1325b）。

〔註21〕失其姓。《漢書》卷六十八〈霍光傳〉，迎立宣帝即位上書大臣中有「司隸校尉辟兵」，不知是否即此執金吾辟兵。（68/1325b）。

34	帝	地節三年～元康二年	67～64 B.C	嚴延年〔註22〕			△〃	《漢》19下/329b, 63/1269a
35		元康二年	64B.C	廣意〔註23〕			△〃	《漢》19下/330a, 77/1428b
36		神爵二年	60B.C	賢	南陽太守		△〃	《漢》19下/330b
37		五鳳三年	55B.C	田聽天		廷尉	△廷尉	《漢》19下/331a,b
38		甘露四年	50B.C	平			△執金吾	《漢》19下/331b
39	元帝	初元元年	48B.C	馮奉世	水衡都尉	將軍	※左將軍光祿勳	《漢》19下/332a, 79/1443a～1445a
40	元帝	初元三年～建昭二年	46～37 B.C	李延壽〔註24〕	丞相司直	衛尉	※御史大夫	《漢》19下/332a～333a,79/1446a
41	元帝	竟寧元年～成帝建始元年	33～32 B.C	王章〔註25〕	中少府	太僕	△右將軍 ○光祿勳	《漢》19下/333b～335a
42	成	建始二年～三年	31～30 B.C	任千秋	故太常〔註26〕	右將軍	○左將軍	《漢》9/126a, 19下/334a

〔註22〕嚴延年非酷吏嚴延年，酷吏之嚴延年字次卿。《漢書》卷六十三〈昌邑王賀傳〉，元康二年，山陽太守張敞上書：「臣敞地節三年五月視事。……臣敞故知執金吾嚴延年字長孫，女羅紨前爲故王（昌邑王）妻……。」（63/1268b～1269a）知執金吾嚴延年非酷吏嚴延年。且據《漢書》卷九十〈酷吏嚴延年傳〉，延年未曾爲執金吾（90/1570a）。另據張敞之上書觀之，執金吾嚴延年至元康二年尚爲執金吾。

〔註23〕《漢書》卷七十七〈蓋寬饒傳〉，有「執金吾議，以爲寬饒指意欲求禮，大逆不道。」《補注》王先謙謂執金吾廣意。（77/1428b）按寬饒下獄在神爵二年，同年九月自剄北闕下。

〔註24〕《漢書》卷七十〈陳湯傳〉，建昭三年御史大夫爲繁延壽（70/1349b）。〈公卿表〉建昭二年「執金吾李延壽爲衛尉」，建昭三年「衛尉李延壽爲御史大夫」（19下/333a）是繁延壽、李延壽乃同一人。另《漢書》卷七十九〈馮野王傳〉亦作李延壽（79/1446a）。

〔註25〕西漢名王章而見之於〈表〉、〈傳〉者計有：宜春釐侯王章（王訢玄孫，元延元年嗣侯（18/286a）、安平剛侯王章（王舜子，建昭四年嗣侯，十四年薨（陽朔三年）以時計之恰與〈公卿表〉「安平侯王章爲執金吾」之王章同。另此王章曾於陽朔三年爲光祿勳，數月即薨（19下/335a），另河平四年有「司隸校尉王章爲京兆尹，一年下獄死」（19下/334b），此又另一王章（並見《漢書》卷七十六〈王章傳〉76/1425a）。

〔註26〕〈公卿表〉元帝初元四年：「弋陽侯任千秋爲太常，四年，以將軍將兵」（19下/332a）。《漢書》卷九〈元帝紀〉，永光二年「以太常任千秋爲奮威將軍。」（9/126a）其後〈公卿表〉至成帝建始元年始有太常駒普，因此

43		建始三年	30B.C	辛慶忌〔註27〕	左曹中郎將	酒泉太守	△右將軍 ○左將軍	《漢》19 下/334a, 69/1343a,b
44		河平元年	28B.C	輔			△執金吾	《漢》19 下/334b
45	帝	河平三年	26B.C	辛慶忌	右曹光祿大夫	雲中太守	△右將軍 ○左將軍	《漢》19 下/334b, 69/1443a,b
46		陽朔三年～鴻嘉三年	22～18B.C	韓立	護西域騎都尉	選舉不實，免	△執金吾	《漢》19 下/335a
47		鴻嘉四年～永始元年	17～16B.C	韓勳	中少府	光祿勳	※右將軍	《漢》19 下/336a,b
48		永始二年	15B.C	翟方進〔註28〕	御史大夫	丞相	※丞相	《漢》19 下/336a, 81/1428b
49		永始三年	14B.C	廉襃	金城太守	右將軍	※右將軍	《漢》19 下/336b, 81/1462b
50		永始四年	13B.C	尹岑	護羌校尉	右將軍	※右（後）將軍〔註29〕	《漢》19 下/336b, 76/1415b
51		元延元年	12B.C	趙護〔註30〕	廣漢太守		△執金吾	《漢》19 下/336b
52		綏和元年	8B.C	任宏	太僕	代郡太守	△太僕 ○代郡太守	《漢》19 下/337b
53		〃	〃	王咸	光祿大夫	右將軍	※左、右將軍	《漢》19 下/337b
54		綏和二年	7B.C	閻崇〔註31〕	光祿大夫	卒於官	※執金吾	《漢》19 下/337b

任千秋擊羌還後當仍爲太常。其於建始二年出任執金吾，此其間當有短暫之免廢。

〔註27〕〈公卿表〉建始三年未記辛慶忌爲執金吾。唯據《漢書》卷六十九〈辛慶忌傳〉，成帝初「徵爲光祿大夫，左曹中郎將，至執金吾，後坐殺趙氏，左遷酒泉太守。歲餘，大將軍王鳳薦，後徵爲光祿大夫，執金吾。數年坐小法左遷雲中太守，復徵爲光祿勳，後拜爲右將軍諸吏散騎給事中，歲餘，徙爲左將軍，以老卒官。」（69/1343a.b）

〔註28〕〈公卿表〉永始二年：「御史大夫翟方進爲執金吾，一月遷」（19 下/336a），一月取其成數，據《漢書》卷八十四〈翟方進傳〉所記唯二十餘日即爲丞相。（84/1482b）

〔註29〕據《漢書》卷七十六〈尹翁歸傳〉，三子中以岑最有名，「歷位九卿，至後將軍。」（76/1415b）

〔註30〕《漢書》卷十〈成帝紀〉，鴻嘉四年，趙護以廣漢太守平反者得遷爲執金吾（10/133b）。

〔註31〕〈公卿表〉作閻宗（19 下/337b），《漢書》卷七十二〈龔勝傳〉作閻崇

55		綏和二年～哀帝建平元年	7～6B.C	孫雲		衛尉	△衛尉 ○少府	《漢》19 下/337b
56	哀	建平二年～三年	5～4B.C	公孫祿	五官中郎將	右將軍	※左、右將軍	《漢》19 下/338a
57		建平三年	4B.C	蟜望	將作大匠	右將軍	△右將軍	《漢》19 下/338b
58	帝	〃	4B.C	蕭育	光祿大夫	以壽終於家〔註32〕	△大鴻臚 ○執金吾	《漢》19 下/338b, 78/1442a
59		建平四年	3B.C	毋將隆	京兆尹	沛郡都尉	△執金吾 ○南郡太守	《漢》19 下/338b, 77/1433b
60		元壽元年	2B.C	申屠博	京兆尹	免	※執金吾	《漢》19 下/338b
61		元壽二年	1B.C	韓容	光祿大夫	免〔註33〕	△執金吾	《漢》19 下/339a
62		〃	〃	孫建〔註34〕	護軍都尉	右將軍	※左、右將軍	《漢》19 下/339a
63	平	元始元年	1A.D	任岑	中郎將	卒於官	※執金吾	《漢》19 下/339a
64		元始二年	2A.D	尹賞	右輔都尉	卒於官	※ 〃	《漢》19 下/339b, 90/1572b
65	帝	元始三年～五年	3～5A.D	王駿		步兵將軍	△將軍	《漢》19 下/339b

（二）衛尉部分

次序	帝號	年 代	紀 元	姓 名	遷衛尉前之官職	由衛尉遷任之官職	最高（△）最後（○）官職	出 處
1	高祖	六 年	201B.C	酈商〔註35〕	將 軍	右丞相	※右丞相	《漢》19 下/314b, 41/1041a
2		十一年	196B.C	王氏			△衛尉	《漢》19 下/315a, 39/991a
3	惠帝	元 年	194B.C	劉澤〔註36〕	將 軍		※燕王	《史》18/363a 《漢》19 下/315a

（72/1370b）。

〔註32〕〈公卿表〉記蕭育「爲執金吾，一年免」（19 下/338b）。《漢書》卷七十八〈蕭育傳〉則謂其「以壽終於官。」（78/1442a）。

〔註33〕〈公卿表〉韓容「爲執金吾，一月免」（19 下/339a）

〔註34〕〈公卿表〉孫建「爲執金吾，三月遷」（19 下/339a）

〔註35〕《漢書》卷四十一〈酈商傳〉，商於高祖六年以將軍衛太上皇，時太上皇在櫟陽，一年後以右丞相擊陳豨（41/1014a）

〔註36〕〈公卿表〉惠帝元年：「營陵侯劉澤爲衛尉」（19 下/315a）。按劉澤之封侯在高元年「以將軍擊陳豨得王黃，侯」（16/254b）。據《漢書》卷三十五〈燕王劉澤

	帝	年	年代	人名				出處
	帝							《漢》19下/315a, 35/955a,
4	高后	四年之前	184B.C	衛毋擇〔註37〕			△衛尉	《史》19/372a,《漢》16/261b
5	文帝	元　年	179B.C	足〔註38〕			△衛尉	《漢》4/71b
6	景帝	中六年之前	144B.C	直不疑	太中大夫〔註39〕	御史大夫	※御史大夫	《史》103/1135b,《漢》19下/319b,

傳〉祖，澤於呂后七年封琅邪王，文帝元年徙燕王（35/955a），未見其爲衛尉之記載。另據《史記》卷十八〈高祖功臣侯者年表〉，澤與高祖疏屬，「世爲衛尉」（18/363a）。按劉澤在封琅邪王之前或爲衛尉，即惠帝、高后時，疑世上缺二，即「二世爲衛尉」。另《史記》卷十九〈惠景間侯者年表〉樂平侯衛無擇，高后四年四月「用衛尉侯」（19/372a），是劉澤或於高后四年之前已去衛尉官矣。

〔註37〕《史記》卷十九〈惠景間侯者年表〉（19/372a）與《漢書》卷十六〈高惠高后文功臣表〉（16/261b）同記樂平（成）侯衛無（毋）擇，高后四年「用衛尉侯」，唯《漢書》多「二年薨」。據《史》、《漢》則毋擇至遲在高后四年已爲衛尉，則劉澤當在高后四年之前已去衛尉官矣。

〔註38〕〈公卿表〉繫於文帝二年（19下/317a），〈文帝紀〉則繫於元年「詔脩代來功」諸功臣之詔書，今從本紀（4/71b）。

〔註39〕關於直不疑之任衛尉一事，《史》、《漢》各有不同。《史記》卷一〇三〈直不疑傳〉：「爲郎事文帝，……文帝稱舉，稍遷至太中大夫。」（103/1135b）《漢書》卷四十六〈直不疑傳〉：「爲郎事文帝，……稍遷至中大夫。」（46/1056a）《漢書》無「文帝稱舉」與「太」字。《史記考證》引梁玉繩謂《漢書》爲是，唯脫一令字，故不疑爲中大夫令，亦即衛尉。王先謙則另持一說。《漢書補注》：「據《史記》，稍遷上有文帝稱舉四字，是文帝時遷官，不得據景中六年之中大夫令實之。郎比三百石，四百石至六百名，中大夫比二千石，皆無員，由郎稍遷合是中大夫，不當遽九卿也。」（46/1056a）王氏之說亦有可議。按中大夫於武帝太初元年更名光祿大夫，〈百官表〉謂「秩比二千石」，太中大夫則謂「秩比千石如故」（19上/302a），而在改制之前〈百官表〉謂：「太中大夫、中大夫、諫大夫皆無員。……武帝元狩五年初置諫太夫，秩比八百石。」（19上/301b）太中大夫列於中大夫之前，是太中大夫於改制前秩當不低於中大夫，而中大夫秩比二千石乃太初元年改制後之秩，至於景帝時中大夫之秩當非如王氏所云之「比二千石」。因此以郎稍遷當如《史記》所云「太中大夫」爲是。另《史》、《漢》本傳同記「吳楚反時，不疑以二千石將擊之。」吳楚反在景帝三年，則至遲是年不疑已官二千石。以《史》、《漢》參校，不疑當是文帝時爲太中大夫，景帝三年前已遷爲中大夫令（〈百官表〉景帝初年更名衛尉爲中大夫令），《漢書》中大夫下確脫一令字。另〈公卿表〉景中五年有「主爵都尉不疑」（19下/319b），梁玉繩據此不疑乃直不疑，此又可議。考〈公卿表〉之書例，凡年代在前者明書何人出任何官，何年再以是官遷它官；其人則以年代在前者或書姓或不書姓，未有年代在後者書姓而年代在前者反省之之例，此可議者一。西漢同名者甚眾，不能因其同名即謂同一人，此可議者二。《史》、《漢》〈直不疑傳〉皆未見直不疑曾爲主爵都尉，固然主爵都尉亦爲二千石官，然二千石非唯主爵一職，此可議者三。

7	武帝	元光元年～五年	134～130 B.C	李廣	上郡太守〔註40〕	右北平太守	※郎中令	《史》109/1179b 《漢》19下/321a, 54/1141b,
8		元光六年～元朔二年	129～127 B.C	韓安國	中尉	將軍（免）	△御史大夫 ○右北平太守	《漢》19下/321b, 52/1130a
9		元朔三年～六年	126～123 B.C	蘇建	將軍	失軍（免）	△衛尉 ○代郡太守	《漢》19下/321b, 54/1148b
10		元狩二年	121B.C	張騫〔註41〕	校尉	失軍（免）	△衛尉 ○大行	《漢》19下/322b, 61/1240b
11		元狩五年～元鼎二年	118～115 B.C	充國		坐齋不謹棄市	△衛尉	《漢》19下/322b
12		元鼎五年	112B.C	路博德〔註42〕	右北平太守	彊弩都尉	△衛尉 ○彊弩都尉	《漢》19下/323b, 55/1162a
13		征和三年	90B.C	李壽〔註43〕		任內受誅	※衛尉	《漢》17/276b, 19下/326b

〔註40〕 李廣究以何郡太守入爲衛尉，《史》、《漢》本傳、《漢書・公卿表》三者所記皆不同。《史》〈傳〉作上郡太守（109/1179b），《漢》〈傳〉作雲中太守（54/1141b），〈公卿表〉作隴西太守（19下/321a）今從《史記》。至於爲衛尉之年代，〈公卿表〉繫於元光元年（19下/321a），《史記》卷一○九〈李將軍傳〉：「孝景崩，武帝（當作今上）立，左右以爲廣名將也，於是廣以上郡太守爲未央衛尉（書未央以別於程不識之長樂）。」（109/1179b）《漢書》卷五十四〈李廣傳〉亦作武帝即位，廣即爲未央衛尉（54/1141b）。元光元年去武帝即位已六年，以史例觀之，若廣以元光元年爲衛尉，〈傳〉文理當書「武帝即位後數年」，今既逕書「武帝即位」，疑其當在建元年間。其次據《史記》本傳，廣擊吳楚還後，徙爲上谷太守，匈奴日以合戰，典屬國公孫昆邪建議徙廣，「於是乃徙爲上郡太守。」（109/1179b）再參校〈景帝紀〉、〈武帝紀〉與〈匈奴傳〉，自景帝崩後至武帝元光二年馬邑之謀前，漢匈並無戰事。唯景帝之世有，《漢書》卷九十四上〈匈奴傳〉：「終景帝世，時時小入盜邊，無大寇。」（94上/1602a）是李廣於徙爲上郡太守後即未再與匈奴合戰，而《史記》謂廣以上郡太守爲衛尉，以時間推之亦當在建元之初。

〔註41〕 〈公卿表〉張騫爲衛尉在元狩三年（19下/322b）。據《漢書》卷六十一〈張騫傳〉則爲二年（61/1239b），是年張騫以衛尉與李廣俱出右北平擊匈奴，此事與《漢書・武帝本紀》合。（6/90b）

〔註42〕 《漢書》卷十七〈景武昭宣元成功臣表〉邳離侯路博德「元狩四年封，太初元年坐法免」。（17/271a）據《漢書》卷五十五〈路博德傳〉：「以右北平太守從票騎將軍封邳離侯（元狩四年），票騎死後（元狩六年），博德以衛尉爲伏波將軍伐破南越（元鼎五年），益封，其後坐法失侯，爲彊弩都尉屯居延，卒。」（55/1162a）〈公卿表〉博德爲衛尉在元鼎六年，其後至征和三年始有衛尉李壽，不知失侯前博德是否一直居衛尉職。

〔註43〕 《漢書》卷十七邘侯李壽「以新安令史得衛太子，於征和二年封。征和三

14		後元元年	88B.C	不害			※〃	《漢》19下/326b
15		後元二年	87B.C	遺〔註44〕			※〃	《漢》19下/326b
16	昭	始元元年～三年	86～84 B.C	王莽〔註45〕		右將軍	※右將軍	《漢》19下/327a,68/1323b
17	帝	始元四年～元鳳二年	83～78 B.C	田廣明	大鴻臚	左馮翊	△御史大夫○將軍	《漢》19下/327a,90/1569a,b
18		元鳳三年～宣帝地節二年	78～67 B.C	范明友〔註46〕	中郎將	光祿勳	※光祿勳	《漢》19下/328a,68/1329b
19	宣	神爵元年前	61B.C	趙充國〔註47〕	將軍	將軍	※後將軍	《漢》19下/330b,69/1342a

年坐爲衛尉居守擅出長安界送海西侯（李廣利）至高橋，又使吏謀殺方士，不道誅」（17/376b）。則李壽似以新安令史入爲衛尉，若是則其超遷也速。按武帝晚年超遷之例尚有車千秋以一言而自高廟寢郎超遷爲大鴻臚，數月爲丞相（66/1308a）。

〔註44〕〈公卿表〉武帝後元元年、二年之衛尉皆書「守衛尉」，此當是權守，非眞除之職。

〔註45〕此王莽非王曼子王莽。《漢書》卷六十八〈霍光傳〉，武帝臨崩封璽書封霍光等三人爲侯，「時衛尉王莽子男忽侍中，揚語曰：『帝病，忽常在左右，安得遺詔封三子事。』」（68/1323b）觀此，王莽爲衛尉或在武帝元年間。

〔註46〕〈公卿表〉范明友於地節三年遷祿勳，其後至神爵二年始有衛尉忠，七年間未見衛尉（西元前67～60年）。考《漢書》卷六十八〈霍光傳〉，地節三年宣帝收解霍氏權力，謂「諸領胡越騎、羽林及兩宮衛、將屯兵悉易以所親信許、史子弟代之。」（68/1329b）是地節三年後或有許、史子弟爲衛尉，然考之《漢書·外戚傳》卻不見有許、史子弟爲衛尉事。唯《漢書》卷十八〈外戚恩澤侯表〉宣帝所封博望侯許舜，「元康三年，以皇太子外祖父同產弟長樂衛尉有舊恩，侯」（18/289a），似是范明友之後，但以長樂衛尉領兩宮衛。

〔註47〕〈公卿表〉不記趙充國爲衛尉。唯《漢書》卷六十九〈趙充國傳〉，充國於神爵二年擊羌還，「復爲後將軍衛尉」（69/1342a）。〈公卿表〉神爵二年：「後將軍充國」。《補注》王先謙謂：「是它宮衛尉，非未央宮衛尉。」（19下/330b）愚意以爲王說可議。考《漢書》凡非未央宮衛尉者例書該領宮之名。如金安上爲建章衛尉（68/1333a），程不識爲長樂衛尉（54/1142a）；韋安世爲長樂衛尉（73/1381a），丙顯爲建章衛尉（74/1393a），史丹爲長樂衛尉（82/1469b），王弘爲長樂衛尉（98/1704a），劉辟彊爲長樂衛尉（36/963b），鄧廣漢爲長樂衛尉（68/1329b），王安爲長樂衛尉（82/1468b），許舜爲長樂衛尉（18/289a）。〈傳〉文明爲未央衛尉者但只二見，見《漢書》卷五十四〈李廣傳〉（54/1142a）及《漢書》卷七十三〈韋玄成傳〉（73/1379b）。李廣未央衛尉乃別於程不識之長樂衛尉。韋玄成爲未央衛尉在神爵四年，其書未央或爲別於建章衛尉，按建章衛尉之置在元康元年，先神爵四年。上述諸例之外，其餘諸未央宮衛尉但書衛尉。

20		神爵二年	60B.C	忠			△衛尉	《漢》19下/330b
21	帝	神爵四年～五鳳元年	58～57 B.C	韋玄成	河內（南）太守	太常	※丞相	《漢》19下/330b, 73/1379b～1380b
22		五鳳二年	56B.C	弘			※衛尉	《漢》19下/331a
23		甘露四年	50B.C	順			※〃	《漢》19下/331b
24		初元元年～五年	48～44 B.C	王接	以平昌侯入	大司馬車騎將軍	※大司馬車騎將軍	《漢》19下/331b, 97上/1688a
25	元	永光元年	43B.C	雲			△衛尉	《漢》19下/332b
26		建昭二年	37B.C	李延壽	執金吾	御史大夫	※御史大夫	《漢》19下/333a, 79/1446a
27	帝	建昭三年～五年	36～34 B.C	王鳳	以陽平侯入	大司馬大將軍	※大司馬大將軍	《漢》19下/333a, 98/1704a,b
28	成	建始元年	32B.C	王罷軍			△衛尉	《漢》19下/333b
29	帝	河平二年	28B.C	王玄			△〃	《漢》19下/334b
30		陽朔元年～四年	24～21 B.C	金敞	侍中水衡都尉	卒於官	※〃	《漢》19下/335a, 68/1333a
31		鴻嘉元年～永始元年	20～16 B.C	王襄	以陽平侯入	太僕	△衛尉○太僕	《漢》19下/335b～336a18/290a
32		永始二年	15B.C	逢信〔註48〕	太僕	免	※衛尉	《漢》19下/336a, 84/1483a
33		永始二年～元延三年	15～10 B.C	淳于長〔註49〕	侍中水衡都尉	免	※〃	《漢》19下/336b, 10/134b
34		綏和元年	8B.C	趙訢	以成陽侯入	免	△〃	《漢》18/291b,19下/337b
35		〃	〃	趙玄	大司農中丞	中少府	※御史大夫	《漢》19下/337b～338a, 83/1479b,88/1549b
36		綏和二年	7B.C	傅喜	太子中庶子	右將軍	※大司馬	《漢》19下/337b～338a, 82/1470a
37		〃	〃	王龔	侍中光祿大夫	光祿勳	△光祿勳○弘農太守	《漢》19下/337b

〔註48〕〈公卿表〉逢信於永始二年爲衛尉，二年免，恐有誤。按逢信之免乃翟方進初爲丞相（永始二年）所劾奏（84/1483b），故逢信爲衛尉不能歷二年。

〔註49〕〈公卿表〉淳于長於永始四年爲衛尉亦誤記。按成帝永始二年詔封長爲關內侯之詔書即明書長爲「侍中衛尉」（10/134b），是長於永始二年即已爲衛尉矣。

38		綏和二年～哀帝建平元年	7～6B.C	丁望	城門校尉	光祿勳	※左將軍	《漢》19 下/337b～338a
39	哀	建平二年	5B.C	賈廷	少 府	少 府	※御史大夫	《漢》 19 下/338a,b 81/1464b
40	帝	建平三年～元壽元年	5～2B.C	孫雲	執金吾	少 府	△衛尉 ○少府	《漢》19 下/338b
41		元壽元年	2B.C	董恭	少 府	光祿大夫	△衛尉 ○光祿大夫	《漢》19 下/338b, 93/1591b
42	哀	元壽元年～二年	2～1B.C	弘譚	右扶風	大司農	△衛尉 ○大司農	《漢》19 下/338b～339a
43	帝	元壽二年	1B.C	王崇	大司農	左（右）將軍	※御史大夫	《漢》19 下/339a, 72/1366b～1367a
44		〃	〃	黃輔	以建成侯入	卒於官	※衛尉	《漢》19 下/339a, 89/1559b

（三）光祿勳部分

次序	帝號	年 代	紀 元	姓 名	遷光祿勳前之官職	由光祿勳遷任之官職	最高（△）最後（○）官職	出 處
1	高祖	五 年	202B.C	王恬啓		衛將軍	△衛將軍 ○梁相	《漢》16/261b, 19 下/314b
2		十二年～惠帝六年	196～189 B.C	陳平〔註50〕	護軍中尉	左丞相	※右丞相	《漢》40/1004a
3	高后	八年之前	180B.C	賈壽〔註51〕			※郎中令	《漢》3/66b
4	文帝	元年～後七年	179～157 B.C	張武〔註52〕	代國郎中令	（常居是官）	※郎中令	《漢》 4/69b～78a,19 下/316b

〔註50〕〈公卿表〉未載陳平爲郎中令。據《漢書》卷四十〈陳平傳〉，平於高祖十二年因畏讒而請宿衛中，時高祖新崩，「太后乃以爲郎中令，曰傅教帝。」（40/1004a）今據〈傳〉文補。

〔註51〕〈公卿表〉未載賈壽爲郎中令。據《漢書》卷二〈高后紀〉，后崩時有「郎中令賈壽」（2/66b），今據〈傳〉文補。

〔註52〕張武於文帝元年爲郎中令，至文帝崩時官銜仍爲郎中令，其間曾三爲將軍：文十四年爲車騎將軍、文後六年爲將軍、後七年文帝崩，爲復土將軍。（見《漢書》卷四〈文帝本紀〉4/75a～78a）。

5	景帝	元年～中六年	156～144 B.C	周仁	太中大夫	病　免	※ 〃	《漢》19下/318b, 46/1056b
6		後元年	143B.C	賀			※ 〃	《漢》19下/319b
7	武	建元元年	140B.C	王臧〔註53〕		自殺	※ 〃	《漢》19下/320a, 88/1550
8		建元二年～元朔六年〔註54〕	139～123 B.C	石建	以二千石入	卒於官	※ 〃	《漢》19下/320a, 46/1053b～1054a
9	帝	元朔六年～元狩四年	123～119 B.C	李廣	右北平太守	免	※ 〃	《漢》19下/322a, 54/1141b
10		元狩五年	118B.C	李敢	校　尉	任內爲霍去病射殺	※ 〃	《漢》19下/322b, 54/1145a
11		元狩六年～征和元年〔註55〕	117～92 B.C	徐自爲			※光祿勳	《漢》6/99b《漢》19下/323a～326a
12		征和二年	91B.C	韓說	游擊將軍	(爲衛太子所殺)	※ 〃	《漢》19下/326a, 33/940a
13		征和四年	89B.C	有祿			△光祿勳	《漢》19下/326b
14	昭帝	始元元年～宣帝地	86～67 B.C	張安世	光祿大夫〔註56〕	大司馬車騎將軍	※大司馬車騎將軍	《漢》19下/327a ～ 330a,59/1225a

〔註53〕《漢書》卷八十八〈儒林申公傳〉記王臧受詩於申公,事景帝爲太子少傅,
　　　免去。武帝初即位,臧乃上書宿衛,累遷,一歲至郎中令。(88/1550b) 王臧
　　　遷官之速與其曾爲武帝師或有關。

〔註54〕〈公卿表〉建元二年:「郎中令石建,六年卒」,以時推之,建卒在元光二年。
　　　然《漢書》卷四十六〈石建傳〉記建父石奮卒於元朔五年,歲餘,郎中令建
　　　亦死 (46/1054a)。是其卒年在元朔六年,去建元二年已十六年,故知〈公卿
　　　表〉六字上漏十。而建卒後李廣遂入爲郎中令。

〔註55〕徐自爲於太初三年仍爲光祿勳。《漢書》卷六〈武帝紀〉,太初三年「遣光祿勳徐
　　　自爲築五原塞外列城,游擊將軍韓說將兵屯兵。」(6/99b)《漢書》卷三十三〈韓
　　　說傳〉,「太初中爲游擊將軍屯五原外列城,還爲光祿勳,掘蠱太子宮,爲太子所
　　　殺。」(33/940a) 以時間并〈表〉計之,徐自爲爲光祿勳當一直到征和初年。

〔註56〕〈公卿表〉昭帝始元元年「尚書令張安世爲光祿勳」。(19下/327a)。據《漢
　　　書》卷五十九〈張安世傳〉,「上 (武帝) 奇其材,擢爲尚書令,遷光祿大夫。
　　　昭帝即位,大將軍霍光,……白用安世爲右將軍光祿勳以自副。」(59/1225a)
　　　因此安世當係以光祿大夫遷光祿勳,今從〈傳〉文。另者本傳謂昭帝即位,
　　　霍光用安世爲右將軍光祿勳以自副,此非始元元年間事。按安世爲右將軍在元
　　　鳳元年,去初爲光祿勳已六年,〈公卿表〉元鳳元年「光祿勳并將軍」(19下
　　　/327b),知始元元年安世但爲光祿勳,無右將軍銜,〈傳〉文所記乃合而書之。

		節三年						～1226b
15	宣帝	地節三年	67B.C	范明友	衛尉	（謀反誅於任内）	※光祿勳	《漢》19下/329b, 68/1329b
16		神爵元年～五鳳二年	61～56 B.C	楊惲	中郎將	免	※〃	《漢》19下/330b, 66/1310a,b
17	元	初元元年～二年	48～47 B.C	蕭望之	前將軍	免	△御史大夫○光祿勳	《漢》19下/331b, 78/1439a
18		初元二年	47B.C	賞			△光祿勳	《漢》19下/332a
19		初元三年～五年	46～44 B.C	周堪	光祿大夫	河東太守	△光祿勳○光祿大夫	《漢》19下/332a, 36/970b,88/1548b
20	帝	永光元年	43B.C	金賞	太僕	卒於官	※光祿勳	《漢》19下/332b, 68/1332b
21		永光二年～四年〔註57〕	42～40 B.C	馮奉世	典屬國	卒於官	※左將軍光祿勳	《漢》19下/332b, 79/1445a
22		建昭元年	38B.C	匡衡	太子少傅	御史大夫	※丞相	《漢》19下/333a, 81/1458a
23		建昭二年～成帝陽朔二年	37～23 B.C	于永	長水校尉〔註58〕	御史大夫	※御史大夫	《漢》19下/333a, 71/1359b
24	成	陽朔三年	22B.C	王章	右將軍	卒於官	※右將軍光祿勳	《漢》19下/335a
25		陽朔四年～永始元年	21～16 B.C	辛慶忌	雲中太守	左將軍	※左將軍	《漢》19下/335b～336b,69/1343b

〔註57〕〈公卿表〉永光三年「右將軍奉世爲左將軍光祿勳，二年卒」。（19下/332b）據《漢書》卷七十九〈馮奉世傳〉，永光二年擊隴西羌乡姐旁種前已爲光祿勳。永光二年二月還京，「更爲左將軍光祿勳如故。……後歲餘病卒。」（79/1445a）既言「如故」自是擊羌之前（至少也在同年）已爲光祿勳，其言「更」者，乃自右將軍更爲左將軍，非自它官更爲光祿勳，且考之〈公卿表〉，凡遷官未見用「更」者。

〔註58〕〈公卿表〉建昭二年「左曹西平侯于永爲光祿勳，十六年遷」。（19下/333a）《漢書》卷七十一〈于永傳〉，永以父定國「任爲侍中中郎將、長水校尉。定國死，居喪如禮孝行聞，由是以列侯爲散騎光祿勳至御史大夫。」（71/1359b）考《漢書》卷十八〈外戚恩澤侯表〉，宣帝西平安侯于定國甘露三年封，十一年薨（18/289b）。以時間計之，定國薨於建昭二年，復就〈表〉、〈傳〉觀之，于永時當爲長水校尉，〈傳〉文云以列侯爲光祿勳，此當係定國薨時于永居喪於家，其居喪或逾三月（按漢世吏告假三月則免），故其長水校尉職或即在此期間免，然爲時並不長。

26		永始二年	15B.C	孔光	光祿大夫	御史大夫	※太傅、太師〔註59〕	《漢》19下/336a，81/1461b～1465b
27		〃	〃	韓勳	執金吾	右將軍	※右將軍	《漢》19下/336a,b
28		永始三年～四年	14～13B.C	師丹	少府	光祿大夫	△大司馬○大司空	《漢》19下/336b，86/1511a～1513b
29	帝	元延元年	12B.C	平當	大鴻臚	鉅鹿太守	※丞相	《漢》19下/336b，71/1360b～1361a
30		〃		王根	以曲陽侯入	大司馬票騎將軍	※大司馬票騎將軍	《漢》19下/336b～337b
31		元延二年	11B.C	王安	以樂昌侯入	光祿大夫	※右將軍	《漢》19下/337a，82/1468b
32		元延三年～四年	10～9B.C	趙玄	尚書僕射	太子太傅	※御史大夫	《漢》19下/337a～338a,83/1479a，88/1549a
33		綏和元年	8B.C	師丹	光祿大夫	太子太傅	△大司馬○大司空	《漢》19下/337a，86/1511a
34		〃	〃	許商	大司農		△光祿勳	《漢》19下/337b
35		綏和二年	7B.C	彭宣	大司農	右將軍	※大司空	《漢》19下/337b，71/1361a,b
36		綏和二年～哀帝建平元年	7～6B.C	王龔	衛尉	弘農太守	△光祿勳○弘農太守	《漢》19下/337b
37	哀	建平二年	5B.C	丁望	衛尉	左將軍	※左將軍	《漢》19下/338a
38		〃	〃	平當	光祿大夫	御史大夫	※丞相	《漢》19下/338a，71/1360b～1361a
39	帝	建平三年～四年	4～3B.C	賈廷	少府	御史大夫	※御史大夫	《漢》19下/338a
40		元壽元年～二年	2～1B.C	馬宮	詹事	右將軍	△太師○太子師〔註60〕	《漢》19下/338b～339bm85/1466a

---

〔註59〕 《漢書》卷八十一〈孔光傳〉，光於成、哀二朝各爲御史大夫、丞相乙次。元壽二年定三公官時丞相更爲大司徒。哀帝崩，王莽秉政，光爲太傅，平帝元始元年徙爲太師，元始五年薨（81/1461b～1465b），今以光所任太傅爲其最高官職，乃據《漢書・百官表》之順序。

〔註60〕 〈公卿表〉馬宮於平帝元始五年孔光薨後爲大司馬。據《漢書》卷八十一〈馬宮傳〉，孔光遷太傅，宮代光爲大司徒，其後光薨，宮代光太師兼司徒官，最後以太子師卒官（81/1466a）。未見宮爲大司馬，且據《漢書》卷九十九下〈王莽傳〉，元始五年莽仍爲大司馬，知馬宮未曾爲大司馬，〈表〉誤。

41		元壽二年	1B.C	甄豐	左曹中郎將	少傅左將軍	△大司空	《漢》 19 下 /339a,b 99 上 /1713b
42	平帝	元始元年～四年	1～4A.D	甄邯	奉車都尉		△大將軍	《漢》 19 下 /339a,b 99 上 /1725b
43		元始五年	5A.D	王惲	太　僕		△光祿勳	《漢》12/145a 《漢》19 下/339b, 12/145a

參考書目

一、古　籍

1. 《史記》（瀧川資言，《史記會注考證》），台北洪氏出版社，1981 年 10 月初版。

2. 《漢書》（王先謙，《漢書補注》本），台北藝文印書館。

3. 《漢書書》（王先謙，《後漢書集解》本），台北藝文印書館。

4. 荀悅，《漢記》，台北台灣商務印書館，1971 年 10 月臺一版。

5. 桓寬，《鹽鐵論》，台北台灣商務印書館，1972 年 10 月臺一版。

6. 陳直校證本，《三輔黃圖》，陝西人民出版社，1980 年 5 月第一版。

7. 酈道元撰、戴震校，《水經注》，台北世界書局，1983 年 12 月三版。

8. 衛宏撰，《漢官舊儀》、《漢官舊儀補遺》、《漢舊儀》（孫星衍校）、《漢舊儀補遺》。

9. 王隆撰、胡廣注，《漢官解詁》。

10. 應劭撰、孫星衍校集，《漢官儀》。

11. 蔡質撰、孫星衍校集，《漢官典職儀式選用》。

12. 丁孚撰、孫星衍校集，《漢儀》。

13. 蔡邕撰，《獨斷》。

14. 錢文子撰，《補漢兵志》。

　　上列 8 至 14 諸書採長沙商務印書館據《平津館叢書本》排印初編之版本，1937 年 12 月初版

15. 嚴可均編，《全上古三代秦漢三國六朝文》，台北世界書局，1963 年 5 月二版。

16. 宋本《六臣注文選》，台北廣文書局。

17. 李昉編，《太平御覽》，台北台灣商務印書館，1975 年 4 月臺四版。

18. 陳奇猷校注，《韓非子集釋》，台北河洛出版社，1974 年 2 月初版。

19. 《戰國策》，台北九思出版公司，1978 年 11 月台一版。

二、專　書

1. 呂思勉，《秦漢史》，台北台灣開明書局，1975 年 4 月臺四版。

2. 呂思勉，《中國制度史》，丹青圖書公司，1985 年 5 月一版。

3. 錢穆，《秦漢史》，台北東大圖書公司，1985 年 1 月四版。

4. 錢穆，《國史大綱》，台北台灣商務印書館，1979 年 10 月修訂六版。

5. 陳直，《史記新證》，新華書店，1979 年 4 月第一版。

6. 陳直，《漢書新證》，新華書店，1979 年 4 月第一版。

7. 楊寬，《戰國史》（修訂本），台北谷風出版社，1986 年 9 月。

8. 楊寬，《中國古代陵寢制度史研究》，台北谷風出版社，1987 年 5 月。

9. 陳槃，《漢晉遺簡識小七種》，台北中研院，《史語所專刊》之六十三，1975 年 6 月出版。

10. 勞榦，《居延漢簡考釋之部》，台北中研院，《史語所專刊》之四十，1960 年 4 月初版。

11. 陳夢家，《漢簡綴述》，人民出版社。

12. 嚴耕望，《中國地方行政制度史》，台北中研院，《史語所專刊》之四十五，1961 年 12 月。

13. 雷海宗，《中國文化與中國的兵》，台北里仁書局，1984 年 3 月。

14. 劉運勇，《西漢長安》，北京中華書局，1982 年。

15. 孫毓棠，《西漢的兵制》，台北中美圖書公司，1966 年 3 月。

16. WANG ZHONGSHU, Han Civillzation 美國耶魯大學印行，1982 年，台北弘文館出版社翻印，1985 年 9 月。

17. （日）池田溫，《中國古代籍帳研究》，台北弘文館出版社翻印，1985 年 11 月。

18. 徐復觀，《周官成立之時代及其思想性格》，台北學生書局，1980 年。

三、論　文

1. 嚴耕望，〈秦漢郎吏制度考〉（《中研院史語所集刊》第二十三本，1951 年）。

2. 勞榦，〈漢代兵制及漢簡中的兵制〉（《史語所集刊》第十本，1948 年）。

3. 勞榦，〈論漢代的衛尉與中衛兼論南北軍制度〉（《史語所集刊》第二十九

本下）。

4. 陳槃，〈「侯」與「射侯」〉（附勞氏後記）（《史語所集刊》第二十二本）。

5. 賀昌群，〈漢初之南北軍〉（《中國社會經濟史集刊》五卷一期，南京中央研究院社會科學研究所，1937 年）。

6. 徐復觀，〈漢代一人專制下的官制演變〉，收入氏著《兩漢思想史》卷一，台北學生書局出版，1980 年 3 月五版。

7. 張光直，〈從夏商周三代考古論三代關係與中國古代國家的形成〉，收入杜正勝編《中國上古史論文選集》上冊，台北華世出版社，1979 年 11 月初版。

8. 傅樂成，〈西漢的幾個政治集團〉，收入氏著《漢唐史論集》，台北聯經出版公司，1984 年第四次印行。

9. 余英時，〈「君尊臣卑」下的君權與相權——「反智論與中國政治傳統」餘論〉，收入氏著《歷史與思想》，台北聯經出版公司，1976 年初版。

10. 許倬雲，〈西漢政權與社會勢力的交互作用〉，收入氏著《求古編》，台北聯經出版公司，1984 年 3 月再版。

11. 石璋如，〈漢唐的國都陵墓與疆域〉（《大陸雜誌》六卷八期）。

12. 張忠棟，〈兩漢人物的地理分佈〉（《大陸雜誌史學叢書》第二輯第一冊）。

13. 管東貴，〈漢武帝經略北疆的戰略部署——兼論中國北疆問題的特性〉，收入《中國歷史論文集》。

14. 馬先醒，〈漢代長安城之營築及其形制〉（《華岡學報》七期）。

15. 廖伯源，〈漢代監軍制度試釋〉（《大陸雜誌》七十卷三期，1985 年）。

16. 廖伯源，〈西漢皇宮宿衛警備雜考〉（《東吳文史學報》第五號，1986 年 8 月）。

17. 廖伯源，〈試論漢初功臣列侯及昭宣以後諸將軍之政治地位——兼論西漢丞相權力的基礎及衰落〉，收入徐復觀先生紀念論文集編輯委員會編《文史研究論集》1988 年，台北。

18. 廖伯源，〈漢代使者考論之二——使者與行政官員之關係及使者演變為行政官員的一些跡象〉（《漢學研究》五卷二期，1987 年 12 月）。

19. 何茲全，〈魏晉的中軍〉（《史語所集刊》第十七本）。

20. 李均明、于豪亮，〈秦簡所反映的軍事制度〉，收入《雲夢秦簡研究》，台北帛書出版社，1986 年 7 月初版。

21. 高恒，〈秦簡中與職官有關的幾個問題〉，收入《雲夢秦簡研究》。

22. 張維華，〈論漢武帝〉，收入氏著《漢史論文集》，齊魯出版社。

23. 熊鐵基，〈試論秦代軍事制度〉，收入《秦漢史論叢》第一輯，陝西人民出版社，1981 年 9 月一版。

24. 劉克宗，〈試論漢武帝時期的政策 —— 兼評封建專制主義發展時期的兩重性〉，收入《秦漢史論叢》第二輯，陝西人民出版社，1981 年 9 月一版。

25. 李孔懷，〈漢代郎官述論〉，收入《秦漢史論叢》第二輯，陝西人民出版社，1981 年 9 月一版。

26. 于豪亮，〈西漢適齡男子戍邊三日說質疑〉（《考古》1982 年四期，科學出版社）。

27. 錢劍夫，〈試論秦漢的"正卒"徭役〉（《中國史研究》1982 年三期）。

28. 久村　因，〈郎中將と中郎將 —— 漢代郎官の一側面について〉（山本博士還曆紀念，東洋史論叢）。

29. 大庭　脩，〈前漢の將軍〉（《東洋史研究》二十六卷四期，東京，1968 年）。

四、地　圖

1. 譚其驤主編，《中國歷史地圖集》，地圖出版社，上海新華書店印行，1982 年 10 月。

2. 郭沫若主編，《中國史稿地圖集》，地圖出版社，1979 年。

後　記

　　本文撰述曠日費時，其間蒙廖伯源師之悉心指導，受益匪淺。廖師為撰者之啓蒙師，早在大學時代，若非廖師的啓渥，斷無可能進入歷史的領域，更遑論體會歷史的眞諦。也因廖師之導引，方能稍稍步入《史》、《漢》的世界，一窺二千年前的宏規偉制，並自其間覓得此一命題；小子不敏，未有創見，實有愧師之提攜，然感銘之心，未敢或忘。

　　又本文之完成，吾妻淑娟實一大助力，若非淑娟之時相慰藉鼓勵與敦促，並負起一切家計，縱容撰者半游手之閒，則本文完成之期恐有待它日，人生得妻如此，夫復何求。最後感謝撰者之岳父、母，感謝兩老將他們最心愛的小女兒許配給一無所有的我。